Thomas Struck und Karin Laudenbach

Auf dem Rad den Rhein hoch

Band 2

Thomas Struck und Karin Laudenbach

Auf dem Rad den Rhein hoch

11 Touren von
Mainz
über Straßburg
in die Schweiz

Das Buch zur SWR-Fernsehserie

Band 2

SWR»

ARD
Das Erste

J.P. BACHEM VERLAG

Auf dem Rad den Rhein hoch entstand nach der Fernsehserie des SWR: **Der Reiseverführer**, Regie Thomas Struck, Produktion Thomas Tielsch, filmtank hamburg GmbH
Umschlagabbildungen vorne: © Christopher Landerer
Umschlagabbildungen hinten: © Christopher Landerer

im Text weisen auf besonders sehenswerte Orte hin.
Zusatzangaben finden Sie im Infoteil, nach Tourverlauf geordnet.

Kartenlegende: Tourenkarten 12-22

Autobahn und autobahnähnlich

Bundesstraße und sonstige Hauptverkehrsstraße

Sonstige Straße
Bahnlinie
Tourenverlauf
Burg / Schloss
Kirche / Kapelle
Windmühle
Autobahnanschluss

Die Deutsche Bibliothek – CIP-Einheitsaufnahme
Ein Titeldatensatz für diese Publikation ist bei Der Deutschen Bibliothek erhältlich.

1. Auflage 2002

Lektorat: Frauke Severit, Köln
Karten: Thomas Vogelmann, Edingen-Neckarhausen
Umschlag- und Innengestaltung: Barbara Meisner, Düsseldorf
Reproduktionen: Reprowerkstatt Wargalla, Köln
Druck: Druckerei J. P. Bachem GmbH & Co. KG, Köln
Printed in Germany
ISBN 3-7616-1641-4

www.bachem-verlag.de

Inhaltsverzeichnis

Unseren Müttern

Zur Quelle

„Und woher kommt denn das Wasser?"

„Heidi" von Johanna Spyri ist eine Heldin meiner Kindheit und hat mich zu dieser Reise inspiriert. Heidi steigt mit ihrem Freund Geißen-Peter einen Bergbach hoch und will sehen, wo der Bach herkommt. Geißen-Peter behauptet, im Fels sei der Anfang des Baches. Heidi bleibt hartnäckig: „Wo ist der Anfang vom Anfang?" Sie verspricht ihm ihre Vesper, und Geißen-Peter zeigt ihr einen See. Heidi lässt nicht locker: „Woher kommt denn das Wasser?" Genau das möchte ich auch wissen.

Johanna Spyri schrieb ihren berühmten Roman in Maienfeld. Der kleine Ort liegt am Alpenrhein. So wurde Heidi die Jüngste im Geschlecht der Rheintöchter. Der Rhein ist ein Strom voller Geschichten. Sie haben ihre Spuren in Landschaft und Bauwerken hinterlassen und leben in den Menschen am Rhein fort.

Der Höhepunkt der Reise ist die Rheinquelle – denn das Beste kommt zum Schluss. Deswegen fahre ich gegen den Strom.

Der zweite Teil der Tour beginnt in Mainz und kann oft auf beiden Ufern gefahren werden. Linkes und rechtes Ufer werden immer von der Quelle aus gesehen. Wenn man beispielsweise am linken Ufer fährt, sieht man linker Hand das rechte Ufer, die „schäl Sick", wie der Kölner sagt. Vor Ort, wenn man den Rhein fließen sieht, ist die Orientierung kein Problem mehr.

Bis Chur in Graubünden (590 m) ist die Strecke mit einem normalen Tourenrad leicht zu bewältigen. Wem die letzte Etappe per Rad zu anstrengend ist, setzt sich in Chur in den Zug, fährt zur Station Oberalppass und wandert gemütlich zur Quelle, dem Toma-See.

Der Oberrhein

Weite Horizonte, flaches Land, lebenslustige Dörfer in lauschigen Tälern und hohe waldige Berge, diese Gegensätze zeichnen das Gebiet zwischen Mainz und Basel aus. Der Rhein fließt nach seinem Knick bei Mainz wieder von Süden nach Norden. Die Route folgt dem Rhein. Auf der Ebene in Ufernähe ist das Fahren einfach, wird aber manchmal ein bisschen eintönig. Wer etwas Zeit mitbringt, kann herrliche Ausflüge machen oder alternative Routen fahren, die in die Dörfer der Pfalz, des Elsass' und des Kaiserstuhls führen. Hier findet man gepflegte historische Architektur, eine ausgezeichnete Küche, beste Weine und Menschen, die gern feiern. Für die Hügel zwischen den Orten braucht man schon ein bisschen Atem, doch die Ausblicke auf die fruchtbare Landschaft und die alten Dörfer lohnen die Anstrengung. Mittelpunkt dieses Abschnitts ist Straßburg. Das historische Gesicht der Stadt verbindet sich auf beispielhafte Weise mit modernem Lebensgefühl. Etwas kleiner, doch ebenfalls mit hochkarätiger Kultur und Lebensgenuss gespickt, sind Freiburg und Colmar. Die Fahrt endet im geschäftigen Dreiländereck vor Basel, bevor der Rhein wieder einen Knick macht.

Es gibt auf dieser Etappe die Wahl zwischen links- oder rechtsrheinischer Strecke und einigen Abstechern an die Hügel am Rande des Oberrheingrabens. Alle Wege führen wieder zum Rhein zurück und treffen sich in Basel.

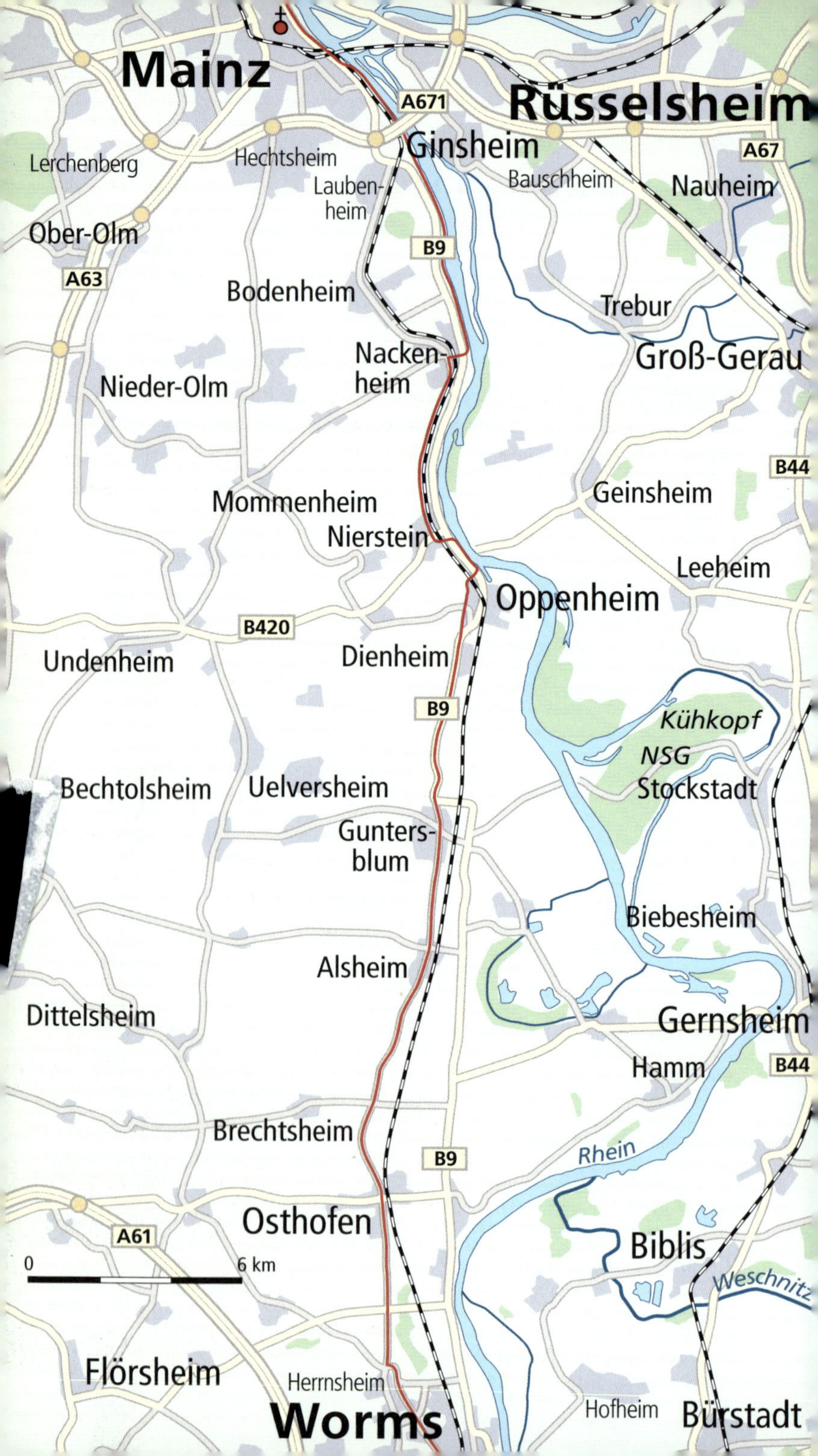
Mainz
Rüsselsheim
A671
Ginsheim
A67
Lerchenberg
Hechtsheim
Bauschheim
Nauheim
Lauben-
heim
Ober-Olm
B9
A63
Bodenheim
Trebur
Nacken-
heim
Groß-Gerau
Nieder-Olm
B44
Geinsheim
Mommenheim
Nierstein
Leeheim
Oppenheim
B420
Undenheim
Dienheim
B9
Kühkopf
NSG
Bechtolsheim
Uelversheim
Stockstadt
Gunters-
blum
Biebesheim
Alsheim
Dittelsheim
Gernsheim
Hamm
B44
Brechtsheim
B9
Rhein
Osthofen
A61
Biblis
0
6 km
Weschnitz
Flörsheim
Herrnsheim
Worms
Hofheim
Bürstadt

Tour 12

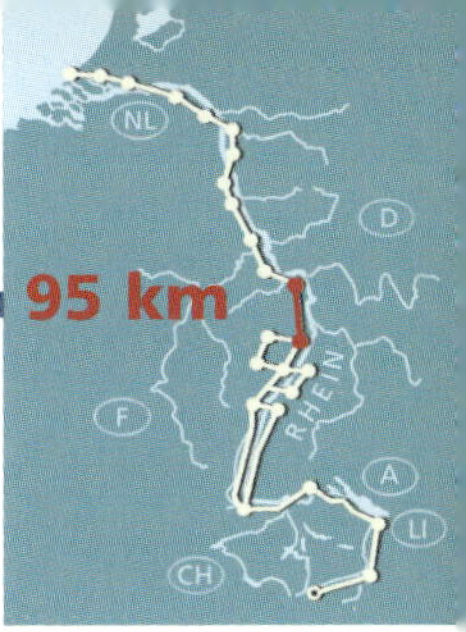

Stein, Bein und Wein

Von Mainz linksrheinisch nach Speyer

Ich verlasse **Mainz** südlich der Theodor-Heuss-Brücke auf der von Bäumen gesäumten Promenade, vorbei an Tennisplätzen und Ruderclubs und über eine kleine Brücke an einem Hafenbecken. Kurz vor einer Eisenbahnbrücke mündet am gegenüberliegenden Ufer der Main, die Grenze zwischen Nord- und Süddeutschland. Die Route führt weiter am Ufer entlang. Vor der Unterquerung der A 60 macht sie einen Schlenker landeinwärts, kehrt zum Rhein zurück und führt auf einem Schotterweg unmittelbar am Ufer entlang.

Den zweiten Teil der Karte zu Tour 12 finden Sie auf Seite 20

Der Rhein bildet einen Nebenarm. Die B 9 kommt dem Radweg nahe. Hier liegt das Dorf **Nackenheim**, in dem der deutsche Dramatiker Carl Zuckmayer 1896 geboren wurde. Zu Beginn seines Schauspiels „Der fröhliche Weinberg" ruft Frau Rindsfuss: „Seht nur, wie der Rhein fließt!" Der Weinreisende Hahnesand erwidert: „Ja, er kann's nit lasse." Fräulein Stenz: „Wirklich, eine hochromantische Natur." Die kommt in der Tat hinter Nackenheim, wenn der Radweg die B 9 und die Bahnlinie überquert und ich an der roten Erde des „Roten Hangs" vorbeifahre, einer vorzüglichen Weinlage. Durch die Weinberge fahre ich nach **Nierstein** hinein, ein sympathischer, nicht überlaufener Weinort. Es gibt um den Marktplatz einige Lokale, in denen der ausgezeichnete Riesling ausgeschenkt wird. Ich nehme einen Schoppen im „St. Urbanshof" in der Glockengasse, wo der Trunk von Glockenspiel begleitet wird. Die Route führt weiter zum Rhein hinunter. Nach etwa 1 km heißt es die B 9 und die Bahnlinie überqueren und den Hügel hochklettern, auf dem **Oppenheim** liegt.

Große Lagen: Roter Hang und Krötenbrunnen

Außer Atem komme ich in ein sauberes Städtchen mit vielen alten Bürgerhäusern, einem großen Rathaus mit zwei Treppengiebeln und der ***Katharinenkirche*** hoch über den Dächern. Mir fallen zwei Brunnen mit großen Kröten auf. Sie erinnern an die berühmte Weinlage der Stadt, den Oppenheimer Krötenbrunnen.

Pastorin zwischen Rathaus und Beinhaus

Der Name soll sich vom mittelalterlichen Gretchenbrunnen herleiten. Eine frauenfeindliche Lautverschiebung vom Gretchen zum Krötchen? Der Gemeinde der berühmten Katharinenkirche steht seit 2000 die Pfarrerin Frau Rimbach-Sator vor. Oppenheim ist inmitten katholischen Gebiets eine evangelische Stadt. Ich möchte wissen, ob sie als Frau in ihrem Beruf Probleme hat. „Die Reaktion ist anders", sagt die kräftige Frau mit leichtem Lispeln und schnellem Blick. „Es gibt Themen wie z. B. Familie, da fassen die Menschen leichter Vertrauen. Die Gespräche zwischen Frauen verlaufen anders." Da ich nicht weit von der Nibelungenstadt Worms entfernt bin, frage ich die Pfarrerin, was hinter den furchtbaren Frauengestalten dieser Sage steht. „Die Texte sind von Männern geschrieben", sagt sie lachend, „die haben solche Fantasien. Wir Frauen sind doch harmlos."

Wir stehen auf der Rückseite der Kirche vor dem ***Beinhaus***, einem alten, 30 m^2 großen Häuschen. An den Wänden sind bis unter die Decke fein säuberlich menschliche Gebeine und Schädel gestapelt. „Das alte Oppenheimer Stadtrecht garantierte den Oppenheimer Bürgern die Beerdigung in Oppenheimer Erde. Dann würden sie am jüngsten Tag, so glaubten sie, auch in Oppenheim wieder auferstehen. Nachdem der Friedhof voll war, hätte man wertvollen Weinbergsboden opfern müssen. Doch die Stapelung alter Gebeine schuf Platz." „Die Oppenheimer sind praktisch", sage ich. „Und sie lieben ihre Stadt sehr", versichert mir die Pfarrerin. „Es sind nur 7000 Einwohner, doch sie müssen eine Menge schultern, denn die Stadt ist ein Zentrum der Region." Den Gemeinschaftsgeist erlebte sie gleich zu Beginn ihrer Amtszeit, als es hier ein bewegendes Treffen von Juden aus aller Welt mit dem weit verbreiteten Namen Oppenheimer gab.

Ich umrunde die rote Kirche, die eine großartige Schauseite zum Rhein hat. Es ist kaum zu fassen, dass Menschenhände dieses filigrane Maßwerk geschaffen haben. Im Innern staune ich über das glutvolle Licht, das durch die farbigen Scheiben scheint, von denen die ältesten 1277 entstanden. Auch Goethe hat dieses Licht bewundert, Albert Schweitzer hat hier Orgel gespielt und Martin Niemöller gepredigt. Bevor ich **Oppenheim** verlasse, drehe ich eine kleine Runde zu den Weinbergen beim ***Krötenbrunnen***, um einen Blick auf die Stadt zu werfen, die etwas oberhalb des Rheins mitten in den Reben liegt. Dann fahre ich zur B 9.

Bei **Dienheim** besteht die Möglichkeit, die verkehrsreiche B 9 zu verlassen und eine **alternative Route** von 10 km in Rheinnähe über den ***Rheinhof*** zu fahren. Hier geht eine Fähre zur Kühkopfinsel, einem Naturschutzgebiet, das durch einen alten Rheinarm entstanden ist.
Ich trete auf der B 9 voran, bis sie kurz vor Guntersblum einen Linksknick macht, fahre geradeaus durch **Guntersblum** und bleibe auf der alten Landstraße, die mich durch die Weindörfer **Alsheim** und **Osthofen** bringt. Kurz vor **Herrnsheim**, bei einer Weggabelung, halte ich mich links, fahre am Ortsrand entlang und komme auf einen geraden, geschotterten Radweg, der mich zur Schäferstraße bringt. Ich erreiche die Gaustraße und fahre durch die Außenbezirke von **Worms** geradeaus ins Zentrum. Hier teilt sich die Straße in den Berliner Ring, der zum alten jüdischen Viertel führt, und in den Adenauer-Ring, der mich über das ***Lutherdenkmal*** zum Dom bringt.
An Geschichte Interessierte finden in Worms drei große Themen: Die Nibelungen, die Zeugnisse der jüdischen Gemeinde und den Kaiserdom. Auch wenn man sich nicht für Geschichte begeistert, vom ***Nibelungenmuseum*** wird man nicht enttäuscht. In einer modernen Multimedia-Präsentation wird die Sage mit den grandiosen Bildern von Fritz Lang dargestellt. Die Stimme Mario Adorfs kommentiert die Handlung und interpretiert den ideologischen Missbrauch, der mit der Sage getrieben wurde. Das Museum liegt in einem Rest der alten Stadtmauer. Es ist leicht zu finden. In den Bögen der alten Mauer wurden Vorbauten im Stil einer „Aluminiumgotik" errichtet, in denen „der größte Krimi der deutschen Geschichte" (Mario Adorf) täglich außer Montags virtuell stattfindet. Nicht weit entfernt am Rheinufer steht ein ***Hagendenkmal*** aus dem Jahr 1902. Es zeigt den Erzschurken, wie er mit großer Geste den Nibelungenschatz in den Rhein schleudert. Gleich nebenan beruhige ich die Nerven mit einem Hagenbräu.

oben: Museum des Mythos'
unten: Schurke mit Schatz

X Kaiserdom St.Peter

Wenn man vom Neumarkt zum Dom kommt, muss man steil zu der geraden Mauer des Westchors aufblicken, da die wenige Meter entfernten Häuser keinen Abstand zulassen. Von weit oben schauen seltsame Menschen, Fratzen und Tiere herab.

Auf der Nordseite steht das Tor, durch das der Kaiser einzog. Darüber ist der Freiheitsbrief angebracht, der Worms zu einer der sieben freien Reichsstädte machte. Seltsam sind die krummen Säulen, mit denen die Tafel eingefasst ist. Seitlich von ihnen sind noch die Löcher zur Befestigung des kaiserlichen Stoffbaldachins sichtbar. Etwas weiter östlich befindet sich das zugemauerte Tor, das einst die benachbarte Kaiserpfalz mit dem Dom verband. Das Prunkstück ist der Ostchor, der einen Augenschmaus der runden Formen bietet: An die schlanken Türme mit den Kegeldächern schließen sich die Apsiden des Langhauses und des Chors an, durch Galerien verbunden, abgeschlossen von drei Rosetten und einem prächtigen Radfenster. Auf der Südseite liegt der gotische Haupteingang. Im Inneren sind weitere Schmuckstücke romanischen Stils zu sehen: Die Friese im Ostchor.

Die mittelalterliche Ausstattung wurde durch Kriege im 17. Jh. zerstört, doch der Dom überstand 1697 einen Sprengversuch. Seit dem 18. Jh. ziert ein Hochaltar von Balthasar Neumann das Hauptschiff. Auch die Bombenangriffe des Zweiten Weltkrieges, bei denen Worms zu 80% zerstört wurde, hat der Dom ausgehalten. Gefährlich sind nach diesen Erschütterungen die Erdbewegungen im lehmigen Untergrund. Deshalb wird der Dom neu vermessen und bleibt eine Baustelle.

Stolz der Kaiser

Die Nibelungensage erwähnt auch den Wormser ***Kaiserdom***. Wenige Schritte vom Dom entfernt, befindet sich am Willy-Brandt-Ring der alte ***Judenfriedhof „Heiliger Sand"***. Hinter dem Eingang mit einem bronzenen Waschbecken liegt eine dreieckige Wiese von ca. 200 m Kantenlänge mit Mulden und Anhöhen, vereinzelten Baumgruppen und krummen Wegen. Auf ihr stehen ohne erkennbare Regel Grabsteine aus neun Jahrhunderten, schräg, halb versunken, eng zusammen, vereinzelt, unbehauen, ohne Zeichen oder mit Symbolen, kantige Steine mit deutschen Namen auf der einen, hebräischen auf der anderen Seite. Es ist ein uriges Chaos, als sei auf einem Schulhof in der Pause die Zeit angehalten und alle Kinder wären in der Bewegung versteinert.

Ein Spaziergang über den „Heiligen Sand" ist für Gläubige und Ungläubige eine spannende Erfahrung.

Worms verlasse ich unterhalb der Nibelungenbrücke, überquere gefährlich breite Schienen und halte mich nun in Rheinnähe auf dem als

Die Juden am Rhein

„Heiliger Sand"

Von Konstanz bis Kleve wohnten in allen wichtigen Städten am Rhein Juden. Seit den salischen Kaisern, den Erbauern der Kaiserdome, waren die Juden Eigentum der kaiserlichen „Kammer" und standen unter besonderem Schutz, für den sie Steuern zahlen mussten. Sie mussten eine eigene Tracht tragen, wozu der spitze Hut gehörte, der auf einer Büste vor der Wormser Synagoge abgebildet ist. Die jüdische Gemeinde wohnte in einem speziellen Viertel, das sie selbst verwaltete. Da die Juden von vielen Berufsständen ausgeschlossen waren, wurden sie vor allem im Handel erfolgreich. Was besonders die Vermögenden zum Ziel von Neid und Erpressungen machte. Durch Kauf und Verpfändung gingen der kaiserliche Schutz und die Steuereinnahmen teilweise an Städte und Landesfürsten über. Bereits im 11. Jh. gab es in den Hauptgemeinden Mainz, Worms und Speyer Pogrome. 1096 brannte der Mainzer Rabbi Mar Isak die drei Jahre alte Synagoge nieder, weil sie in eine Kirche umgebaut werden sollte. Die grauenhaften Verfolgungen und Gemetzel nahmen in den folgenden Jahrhunderten der Kreuzzüge zu. In ihrer Verzweiflung haben sich mehrfach Gruppen verfolgter Juden verbrannt oder im Rhein ertränkt. Trotz aller Leiden blühte im Mittelalter das geistige Leben der jüdischen Gemeinden. Besonders Worms war jüdisches Zentrum für ganz Europa. Die Schriften des Wormser Rabbi Salomo ben Isaak (1040–1106), kurz Raschi genannt, wurden für Jahrhunderte zu einem wichtigen Lehrbuch. Sein Grab ist auf dem Wormser Judenfriedhof. Wo genau, wissen nur Eingeweihte. Sicherlich trägt es mit Steinen beschwerte Gebetszettelchen, die Gläubige auf die Kante des Grabsteins eines Freundes legen.

*Der jüdische Philosoph Martin Buber (1878–1965) besuchte diesen Friedhof immer wieder und sagte: „Ich gehe immer zuerst zum Dom. Das ist eine sichtbar gewordene Harmonie der Glieder, eine Ganzheit, in der kein Teil aus der Vollkommenheit wankt. Dann gehe ich zum jüdischen Friedhof hinüber. Der besteht aus schiefen, zerspellten, formlosen, richtungslosen Steinen. Ich stelle mich darein, blicke von diesem Friedhofgewirr zu der herrlichen Harmonie empor, und mir ist, als sähe ich von Israel zur Kirche auf. Da unten hat man nicht ein Quentchen Gestalt; man hat nur die Steine und die Asche unter den Steinen. Das ist Erinnerung an das Geschehen mit Gott, die allen Juden gegeben ist. Davon kann mich die Vollkommenheit des christlichen Gottesraumes nicht abbringen." Mehr über die Geschichte der Juden erfährt man im Raschi-Haus neben der wieder aufgebauten **Synagoge** in der Judengasse. Hier befinden sich das **Judaica-Museum** und das **Stadtarchiv**.*

Auf und unter den Brücken am Oberrhein

„Von Dom zu Dom", „Rheinauenweg" oder „R 1" ausgeschilderten Radweg. Nach etwa 10 km beschaulichen Tretens in der Ebene nähere ich mich Ludwigshafen. Erster Vorbote ist eine Autobahnbrücke, die ich unterquere. Ich umfahre ein Hafenbecken und erreiche die umzäunte Grenze der BASF-Hafenanlagen von **Ludwigshafen**. Der Horizont ist gesäumt mit rauchenden Schornsteinen, Rohrsystemen und haushohen Kesseln. Brummis kriechen wie Riesenameisen zu den Ladestationen, um sich mit Containern bepacken zu lassen. Gewürzt wird der dezibelstarke Anblick durch Benzolgeruch. Ein Chemiker a.D. auf dem Weg zu seinem Kleingarten, der 1939 mit 14 Jahren bei der BASF anfing, teilt mein Unbehagen: „Wer soll das schützen? Wenn das hoch geht, fliegt ganz Ludwigshafen in die Luft."
Ein Radweg führt mich landeinwärts am Industriegelände vorbei, durch Kleingärten und Wiesen, unter der Schnellstraße hindurch auf die Bad-Aussee-Straße. Hier fahre ich stadteinwärts, an Werksanlagen, Parkplätzen und Haltestellen mit Namen wie Ammoniakstraße vorbei, bis ich bei der Rheinuferstraße links zum Rhein abbiege. Ich unterquere den Fahrbahnknoten einer Brückenzufahrt. Freunde des katalanischen Malers Miro werden in der Berliner Straße 23 die Keramikwand des ***Wilhelm-Hack-Museums*** und die Sammlung abstrakter Kunst bewundern.

Ausflug

Abstecher nach Mannheim. Bei der nächsten Brücke, der Konrad-Adenauer-Brücke, überquere ich den Rhein. In der Verlängerung der Brücke liegt das ***Mannheimer Schloss***, das nach Versailles Europas größtes Barockschloss ist. Ich überquere die Bismarckstraße an der Stadtseite des Schlosses, um auf einer Fahrt um die Ecken der schachbrettartig verlaufenden Straßen dem Mannheimer Lebensgefühl näher zu kommen. Schließlich lande ich am Wahrzeichen der Stadt, dem ***Wasserturm***. Nach den vielen Quadraten, geht es hier im Kreis um den Turm und seine Wasserspiele herum. Ein schöner Platz für eine Rast.

Zurück auf dem **linken Ufer**, unter der Konrad-Adenauer-Brücke, setze ich die Route „Von Dom zu Dom" fort. Von der Rheinpromenade komme ich über ein Hafenbecken an einem Park vorbei, biege rechts in die

Böcklinstraße, links in die Mundenheimer Straße, fahre an einem Stadion und einem Hafen vorbei bis zur Unterquerung der Autobahn, danach in die Hauptstraße und gleich wieder links in eine Straße, die an **Rheingönheim** vorbei zum Rhein führt. Nun geht es in weitläufigem Bogen an einer Badeanstalt vorbei, nördlich um **Altrip** herum am Damm entlang, zum Otterstädter Altrhein. Bei **Otterstadt** überquere ich eine Landstraße und biege bei der nächsten Landstraße an einem Campingplatz rechts ab. Nach der Unterquerung der Autobahn erreiche ich wieder den Rhein und sehe die Silhouette des Speyerer Domes und weiter östlich die Dampfschwaden des AKWs Philippsburg. Der viertürmige Dom liegt auf einem Hügel am Rhein, seit fast 1000 Jahren weithin sichtbar. Noch 2 km, und ich bin im 2000-jährigen **Speyer**.

Blick auf Speyer

„Wenn man bedenkt, dass der ***Dom*** erbaut wurde für 10000 Menschen, für die Grablege der Kaiser, und Speyer damals nur 500 Einwohner hatte", sagt einer der Organisten des Domes auf der Maximilianstraße in Speyer. Hier hat man den „offiziellen" Blick auf das westliche Hauptportal der größten romanischen Kathedrale Europas. Leider ist dieses Westwerk Neo-Romanik aus dem 19. Jh.

Ich gondele durch die Fußgängerzone der Maximilianstraße. Die Hauptachse der Stadt ist mit Cafés und Brezelständen bestückt. Die mehr als lebensgroße Skulptur eines Jakobspilgers, mit der Muschel am Hut, geht westwärts vom Dom weg. In der Mitte der Maximilianstraße steht ein grauer Brunnen mit völkischen und nationalistischen Inschriften, offensichtlich von der Stadtverwaltung als erhaltenswürdig eingestuft. Er ist eine unfreiwillige Erinnerung an die grausamen Kriege am und um den Rhein. Nicht weit von hier weist ein Wegweiser „Judenbad" zu dem mittelalterlichen Zentrum der jüdischen Gemeinde. Sehr gut erhalten ist die ***Mikwe***, ein rituelles Tauchbad. Das Wasser der Mikwe musste „lebendiges" Wasser sein. Hier ist es das Grundwasser des Rheins. Der Bau stammt aus dem 11. Jh. und ist von den Baumeistern ausgeführt worden, die zur gleichen Zeit auch

oben: Jakobspilger
unten: Eingang zur Reinigung

Kaiserdom zu Speyer

Der Dom wurde 1689 von französischen Soldaten abgefackelt und stürzte teilweise ein. Napoleon wollte ihn abreißen lassen, erhörte jedoch die Bitte des Mainzer Bischofs. 1858 war das Bauwerk wieder hergestellt, doch die Restaurierungsarbeiten dauern bis heute an. 1981 wurde die Kirche in das Weltkulturerbe der UNESCO aufgenommen. Begonnen wurde der Bau 1030 und Anfang des 12. Jh. beendet. Das Querschiff und die Osttürme gehören noch zur unbeschädigten alten Bausubstanz. Einmalig sind die umlaufenden Galerien am Langhaus und die Arkaden der Krypta. Das Innere beeindruckt durch die klare Form, die Höhe und Helligkeit des Raums. Für mich ist er ein Ort der Meditation, auch wenn an manchen Tagen 20000 Besucher kommen. Der Abstieg in die schummrigen Gewölbe der Krypta führt zu den acht Gräbern deutscher Könige und Kaiser. Bemerkenswert ist das nachdenkliche Gesicht Rudolf von Habsburgs auf seiner Grabplatte am Aufgang. Gern stimmen reisende Gesangsvereine hier, oder auch im Hauptschiff, spontan Lieder an.

den Dom bauten. Interessant sind unegale Bauteile, wie unterschiedlich hohe Treppenstufen oder verschieden große Fenster. Sie sollen den Besucher daran erinnern, dass der Mensch Unvollkommenes schafft und nur Gott vollkommen ist. Nach der körperlichen Reinigung ging der Gläubige, wie Gott ihn erschaffen hatte, zur seelischen Reinigung ins Tauchbecken. Er musste sieben Mal untertauchen und dabei Augen, Nase und Mund offen halten, damit alle Verunreinigungen entfernt wurden.

In Speyer kann man sich entscheiden, ob man den Weg ins Elsass weiter in der Nähe des Rheins fortführt oder eine Schleife durch die Südpfalz fährt.

A61
Hofheim
Worms
Bürstadt
Dom
B47
B44
Rhein
B9
Weinsheim
Heppenheim
Bieden-
sand
Lampertheim
Bobenheim-
Roxheim
Dirmstein
Beinders-
heim
A6
Hessheim
Schönau
Frankenthal
Edigheim
Gartenstadt
B9
Lamps-
heim
A61
Käfertal
BASF
Mannheim
Maxdorf
Oggersheim
Schloss
Neckar
Wasserturm
A650
Ludwigshafen
B9
Gönnheim
Rheingön-
heim
Neckarau
Mutterstadt
Dannstadt-
Schauernheim
Altrip
Limburger-
hof
Neuhofen
Rheinau
B9
Brühl
A65
A61
Waldsee
Böhl-
Schifferstadt
Otterstädter
Altrhein
Hassloch
Iggelheim
Otterstadt
Ketsch
0
6 km
Talhaus
A61
Speyer
B39
Dom
Hockenheim
Geinsheim
Dudenhofen

Tour 13

Grüner wird's nicht

Von Speyer linksrheinisch nach Lauterbourg

Die Karte zu Tour 13 finden Sie auf Seite 32

Der Weg am Rhein ist weiterhin als „Radweg Rheinaue" ausgeschildert. Ich verlasse Speyer am Domplatz rechts, biege links am Domgarten in die Klipfelsau. Rechts die Bundesstraße unterqueren, geradeaus weiter in die Geibstraße. Hier lockt das ***Technikmuseum***, das eine fantastische Ausstellung mit Vehikeln bietet, die zu Wasser, zu Land und in der Luft den Menschen vorwärts gebracht haben. Dazu Musikinstrumente, Spielzeug, Uniformen und noch zwei I-Max Filmtheater. Wow! Nur das Fahrrad ist nicht zu finden. Im Bewusstsein, ein modernes, noch nicht museumsreifes Fahrzeug zu benutzen, radle ich die Geibstraße bis zum Hafenbecken, hier rechts, links am Ende des Beckens in die Straße Am Neuen Rheinhafen. Ich umrunde die Erdöl-Raffinerie. Links breiten sich Rheinwiesen aus.

Alles strahlt

Der Weg folgt nun einem Altrheinarm, der sich hinter dem Damm und Pappelgehölzen verbirgt. Über den Baumwipfeln erheben sich die dampfenden Kühltürme des AKWs Philippsburg. Der schön zu fahrende Weg passiert nach einem Rechtsknick ein Klärwerk und die Abzweigung nach Mechtersheim. Er folgt dem Damm an einem Badesee vorbei und endet nach kurzer Steigung auf der Straße nach Lingenfeld. Hier links, beim Bahnhof **Lingenfeld**, die Bahnlinie überqueren, den Gleisen folgen und nach 700 m eine stillgelegte Bahnlinie kreuzen.

Nun heißt es, je nach Verkehrsdichte, auf der Landstraße die B 35 unterqueren und nach Germersheim fahren oder sich auf Radwegen am Ende Lingenfelds links halten, die Bahnlinie ein drittes Mal, diesmal mittels einer Unterführung, kreuzen und an einem Wald vorbeifahren. Bei der Straße rechts durch das Gewerbegebiet radeln, die B 35 unterqueren, ihr auf dem Radweg rheinwärts folgen und sie noch einmal in einer Haarnadelkurve unterqueren. Nach wenigen Metern biege ich links in die Werftstraße ein, an deren Ende, bei der Gaststätte „Unkenfunk", geht's rechts ab nach **Germersheim**. Links führt die Rheinroute weiter in Richtung Elsass.

Ausflug

Abstecher nach Germersheim. **Germersheim** war eine Stadt der Uniformen. Nachdem sie Jahrhunderte als Klosterstädtchen still existierte, kam 1834 Marschmusik in die Gassen. Bis 1861 wurde die Stadt zur Bundesfestung ausgebaut und blieb bis heute Garnisonsstadt. Die ***Festungsanlagen***, die schon 1870 militärisch wertlos waren, wurden nach dem Versailler Vertrag 1921 geschleift. Viele der wohlproportionierten Gebäude sind noch erhalten. Bei einer Rundfahrt durch die Stadt trifft man z. B. auf das Weißenburger Tor, das ehemalige Arrestgebäude, vor dem Kämpfer des 20. Juli erschossen wurden, das Zeughaus und die ***Fronte Becker***. Die Fronte ist der Überrest des alten Befestigungsgrabens. Heute wird sie als Skulpturengarten und Kulturzentrum genutzt.

Germersheim hat ein surreales Flair. Eine Kneipe nennt sich „Institut für Angewandte Oenophilie". Einige der schönen alten Häuser im Zentrum sind verlassen. Die Stadt hat eine hohe Arbeitslosigkeit und kämpft darum, dass sie Bundeswehrgarnison bleiben darf, nachdem bereits die US-Army abzog.

Neue Kunst im alten Graben

Ausflug

Was machen die 2 500 Studenten, die hier zu Dolmetschern ausgebildet werden? Ein Golf mit bis zum Anschlag aufgedrehter Stereoanlage brettert an mir vorbei. Er sollte ins ***Straßenmuseum*** im Zeughaus gebracht werden. Hier werden 3 000 Jahre Verkehrsentwicklung dargestellt.

Zurück beim „Unkenfunk", kommt der Winzerteller mit einem Leberknödel vom Kaliber 100 mm angeschossen. Danach heißt es die Kalorien wegzutreten. Die Strecke eignet sich dafür bestens. Die Route führt immer am Damm entlang, an der Abzweigung **Sondernheim** vorbei, durch die aus einem verlandeten Altrheinarm entstandenen Naturschutzgebiete **Rotten** und **Karlskopf**. Die nächste Abzweigung führt zur Rheinfähre Leimersheim. 5 km weiter besteht die Möglichkeit, einen Abstecher ins Dorf **Jockgrim** zu machen, das ein geschlossenes Ortsbild aus Fachwerkhäusern hinter einer Stadtmauer bietet. Die Auenstrecke wird nun von einer Erdölraffinerie unterbrochen, an der der Radweg vorbeiführt. Bei der Autobahn geht es wieder links zum Rhein zurück. Dort über Gleise nach rechts fahren, am Hafenbecken entlang, an dessen Ende links, am Rhein rechts und geradeaus bis zur Brücke der B 10.

Naturfreund am Altrhein

Hier gibt es die Möglichkeit, den Rhein zu überqueren und eine ***Alternative Route über Karlsruhe und Rastatt zu fahren (Tour 14)***.

Die **linksrheinische Route** führt unter der Brücke der B 10 hindurch zunächst am Rhein entlang, entfernt sich dann einem Altarm folgend, führt kurvenreich durch ein Kieswerk wieder zum Strom zurück. Hier dümpelt an der Mündung der neuen Lauter, der Lautermuschel, ein alter Kahn, der noch als ***Schifffahrtsmuseum*** taugt. Leider kann man nur an jedem 1. Sonntag von Mai bis September zur Besichtigung in den Bauch des Schiffes steigen. Der Weg nach Lauterbourg folgt dem Lauf der neuen Lauter, zweigt bei der Kirche in **Berg** links ab und endet in **Neulauterburg**, wo die Grenze überquert wird und ich in **Lauterbourg** lande. Will man keinen Abstecher nach Lauterbourg machen und die Tour fortsetzen, bleibt man einfach in Ufernähe, überquert bei der Alten Lauter die Grenze und fährt weiter am Rheindamm entlang gen Süden.

A65
Jockgrim
Eggenstein
Kandel
Landes-
hafen
Wörth
Rhein
B36
Neureut
Minfeld
Knielingen
Wörth
am Rhein
Freckenheim
Karlsruhe
N
Maxau
Maximiliansau
Schloss
0
6 km
Mühlburg
Hagenbach
Dax-
landen
Bienwald
Ober-
reut
B9
Weiherfeld
Neuburg
Rüppurr
Burg
Rhein-
stetten
Scheibenhardt
Neuburg-
weiher
Lauterbourg
Mörsch
Ettlingen
Au
FRANKREICH
B36
Bruchhausen
Neuwiller
Durmersheim
A5
Elchesheim
Mothern
B3
A350
Bietigheim
Steinmauern
Malsch
Ötigheim
Murg
Seltz
Muggensturm
Plittersdorf
Rheinau
Freiolsheim
Schloss
Rauental
Oberweier
Beinheim
Rastatt
A5
Bischweiler
Wintersdorf
Kuppenheim
Michelbach
B36
Staustufe
Schloss
Favorite
B462
Iffezheim
Gaggenau
Sand-
weiler
Hauen-
eberstein
Hügelsheim
Oos
Gernsbach
Staufenberg
B36
A5
Sinzheim
Baden-Baden
Rheinmünster

Tour 14

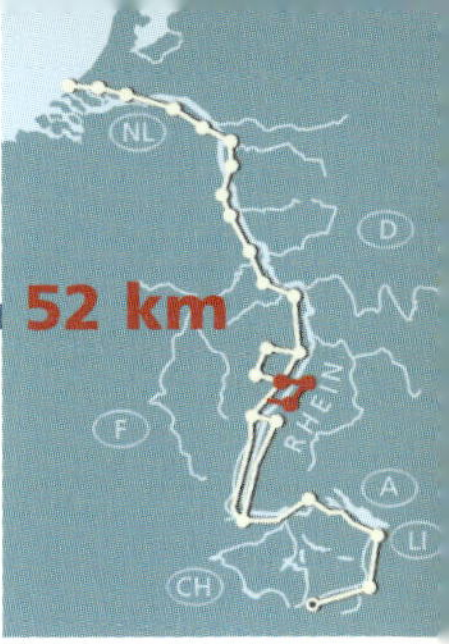

Keine krummen Dinger

Alternative Route rechtsrheinisch über Karlsruhe, Rastatt nach Iffezheim

Während die linksrheinische Tour ab Wörth hauptsächlich durch Auenlandschaften führt, gibt die Variante auf dem rechten Ufer Gelegenheit, zwei bedeutende Zeugnisse barocker Baukunst zu sehen: die „Fächerstadt" Karlsruhe und Rastatt, die Residenz des „Türkenlouis". Der Rheinradler erlebt in diesen beiden Orten beispielhaft die absolutistische Freude an geometrischen Formen, den Geist der Aufklärung und den Glauben an die Technik, immer wieder gut durchwachsen mit badischer Gemütlichkeit.

Hinter dem Wörther Hafen stoße ich auf die große Rheinbrücke der B 10. Etwa 200 m rechts auf der Nordseite gibt es einen Aufgang zur Brücke. Auf dem gemeinsamen Geh- und Radweg neben der Bundesstraße überquere ich den Rhein. Nach ca. 3 km erreiche ich den Ortsteil Knielingen. Dort wechselt der Rad- und Fußweg die Straßenseite. 300 m danach biege ich links in die Eggensteiner Straße. Beim Friedhof schwenke ich rechts in die Rheinmuthstraße. Ab der Heilig-Kreuz-Kirche führt ein Rad- und Fußweg auf Siemensallee und Moltkestraße zum ***Schlossgarten*** von **Karlsruhe**, in die Mitte des Fächers.
Wegen des fächerförmigen Grundrisses nennen die Karlsruher ihre Stadt „Fächerstadt". Vom ***Schloss*** aus, nach Süden hin, öffnet sich ein Strahlenkranz von Wohn- und Geschäftsstraßen, nach Norden hin die Parkanlagen des Schlossgartens. 1715 begann Markgraf Karl Wilhelm von Baden-Durlach zu seiner „künftigen Ruhe und Gemütsergötzung" mit dem Bau einer sternförmigen Stadt als Sinnbild fürstlicher Gnadensonne. Die ersten Holzbauten wichen bald Steinbauten seiner Nachfolger. Auch als sich der Baustil von Barock in Klassizismus wandelte, wurde der Grundriss der Stadt beibehalten. Er überlebte auch die schweren Zerstörungen des Zweiten Weltkrieges.
Karlsruhe bietet einige interessante Museen. Hinter der wieder aufgebauten Fassade des

Blick nach Norden

Fächer des Fürsten

Schlosses befindet sich das ***Badische Landesmuseum***. Es zeigt Ur- und Frühgeschichte sowie Kultur- und Landesgeschichte vom Mittelalter bis zur Gegenwart. Mich fasziniert die „Türkenbeute" aus den Kriegen gegen das Osmanische Reich und das 45-teilige Toilettenservice der Großherzogin Stefanie von Baden. Auch die Aussicht vom Schlossturm auf den „Fächer" ist herrlich.

Auf dem ***Marktplatz*** steht die 7 m hohe Pyramide, unter der sich die Gruft des Stadtgründers Markgraf Karl befindet. Links vom Landesmuseum residiert das ***Bundesverfassungsgericht*** in einem modernen Glasgebäude. Man kann es besichtigen, wenn man einige Formalien einhält, ebenso ist es möglich, an einer Verhandlung teilzunehmen. Auch der ***Bundesgerichtshof*** steht Besuchern offen. Auch hier ist der Besuch einer Verhandlung möglich.

Landesmuseum im Schloss

Als Grünewaldfreund gehe ich auch in die ***Staatliche Kunsthalle***, in der, neben vielen anderen bedeutenden Bildern, eine Kreuzigung des Meisters hängt. Auch die moderne Sammlung in der ***Orangerie*** mit Franz Marc und Max Ernst ist eine Freude. Danach brauche ich noch einen Schub aktueller Kunst und besuche das ***Zentrum für Kunst und Medientechnologie (ZKM)***. In den Lichthöfen des alten Industriebaus finden Forschung und Lehre sowie eine Reihe interessanter Ausstellungen statt.

Hier treffe ich den runden Egon, der mir die gemütliche Seite der Stadt näher bringen will. Er schwärmt von Karlsruhes Langsamkeit. Sie ist ja schon im Namen der Stadt programmatisch und vom Stadtgründer gewollt: „Carols Ruhe". Ich pedaliere mit Egon in den Schlossgarten, den viele Studenten für Kolloqien nutzen. In der badischen Weinstube des Rosengartens gibt Egon mir einen Überblick über den Fächer der ***gastronomischen Möglichkeiten***. Bei gutem Wetter schlotzt er gern im Biergarten ***Criticize*** einen Riesling und schlemmt dazu die besten Flammkuchen der Stadt. Das Lokal befindet sich an der Straßenkreuzung Beim Kühlen Krug und der Kriegsstraße. Will man sich ins Nachtleben stürzen, kann man im so genannten Bermudadreieck springen. Am Rande des Dörfle, einem ehemaligen Rotlichtbezirk, amüsiert sich Egon gern im ***Kap*** in der Kapellenstraße: eine riesige, ehemalige Redlightbar. Die wilden Maler Baselitz, Lüppertz und Immendorf haben dort in den 70ern Hof gehalten und gebechert. Kunst an der Wand ist immer noch zu bewundern, nämlich ein Fresko des Abendmahls von Uwe Lindau. Nächste Station ist das Café ***Wien*** am Fasanenplatz. Eine große, alte Kneipe mit jungen Leuten und einer Tanzfläche, aber keine Disko, wie Egon ausdrücklich betont! Wer dann noch fit ist für die dritte Station, kann mit netten Leuten im ***Carambolage*** in der Kaiserallee anstoßen. Für Weinkenner und -liebhaber hält die ***Pfälzer Weinstube***, gleich um die Ecke des Staatstheaters in der Wilhelmstraße, die größte Weinkarte von Karlsruhe bereit. Egon treibt sich auch gern in dem Multikulti-Viertel in der Südstadt rum. Das ehemalige Arbeiterviertel liegt am Werderplatz, wo der so genannte janusköpfige Indianer-Brunnen steht. Cineasten finden ihr Glück auf der Leinwand im Off-Kino „Schauburg" in der Marienstraße. Egon schwärmt von ***Das Fest***, einer großen Umsonst-und Draußen-Veranstaltung, die jedes Jahr am Wochenende vor dem Ferienanfang stattfindet. Auf mindestens drei Bühnen treten internationale Stars vor 150000 Besuchern auf. Viel zu selten, bedauert Feinschmecker Egon, sei er im berühmten ***Erbprinz*** zu Gast. Das elegante Restaurant liegt südlich von Karlsruhe in Ettlingen in der Rheinstraße 1, wo schon der Schah von Persien und Willi Schäfer getafelt haben. Gut

Der Fächer andersherum

Straßen-theater-Festival tête-à-tête

zu erreichen, wenn man ca. 10 km an der Alb Richtung Süden entlang radelt.

Ich verlasse **Karlsruhe** am Schlossplatz in südlicher Richtung auf der Karl-Friedrich-Straße und der Ettlinger Straße. Dann rechts, am Hauptbahnhof vorbei, in die Ebertstraße, die zweite links führt in die Weiherfelderstraße. Hier geht vor der Bahnlinie rechts der Spazierweg Karl-Wolf-Weg ab, der an den Ufern des Flüsschens Alb den Autobahnzubringer und die Kriegsstraße unterquert. Vor der Brücke der B 36 wird die Alb überquert. Auf der Durmersheimer Straße komme ich zur Zeppelinstraße. Hier führt links wieder ein Spazierweg an der Alb entlang, dem folge ich bis zur Brücke der Daxlander Straße, in die ich links abbiege. Die Straße geht in die Hermann-Schneider-Allee über.

Nach ca. 3 km erreiche ich das beliebte Strandbad von **Daxlanden**, das ich links an einem Altrheinarm umfahre, der mich zum Hauptstrom bringt. Nun geht es durch den Wald Kastenwörth, an einem Baggersee vorbei auf einer Schotterstrecke nach **Neuburgweiher**. Bei der weiß getünchten Kirche bleibe ich in Fahrtrichtung und komme nach 5 km in den **Au**. An der Kirche fahre ich rechts und folge der Vorrangstraße, bis eine Querstraße nach **Elchesheim** abbiegt, das 3 km entfernt ist. Hier fahre ich Richtung **Steinmauern**, biege aber nach 2 km in die Felder ab und mache einen Schlenker um den Ort, der mich auf eine Straßengabelung am Flüsschen Murg führt. Am reizenden Ufer der Murg radle ich ziemlich schnurgerade Richtung Süden nach **Rastatt** hinein. Die Stadt wurde vor 300 Jahren als Residenzstadt der badischen Grafen erbaut. Auf dem Weg zum Schloss fahre ich an Plakaten vorbei, die für das größte internationale ***Straßentheater-Festival tête-à-tête*** werben. Es findet alle zwei Jahre statt.

Ich stoppe vor dem alten ***Rathaus*** am Marktplatz. Im Ratssaal interessiert mich die Installation einer Karte des Rheinverlaufs mit der Rheinkorrektur des Johann Gottfried Tulla.

Rheinbegradigung

Nach den Plänen des Hauptmanns Tulla wurde seit 1817 der Rhein begradigt und schiffbar gemacht. Damit hat er das Jahrtausende alte Gesicht der Landschaft in wenigen Jahrzehnten grundlegend gewandelt. Vor Tulla zog der Rhein zwischen Basel und Mainz in unzähligen Schlingen und vielen Läufen, die sich ständig änderten, durch die Tiefebene. Hochwasserschutz, Entsumpfung, Landgewinn und Schiffbarkeit versprach Tulla dem Markgrafen von Baden. Nach den Überschwemmungen und Zerstörungen von 1817 durfte er beginnen. Schlinge für Schlinge wurde durchstochen. Der Rhein suchte sich ein neues Bett. Schon damals gab es Befürchtungen, dass die Gebiete flussabwärts durch Geschiebe und Hochwasser gefährdet würden. Tulla starb 1828 an Fieber, möglicherweise durch eine Rheinmücke übertragen. 1879 war die Korrektur abgeschlossen, der Rhein gezähmt. Die Sümpfe trockneten aus. Krankheiten verschwanden. Das Land wurde urbar. Doch dieser Periode folgte eine Phase weniger günstiger Auswirkungen, die bis heute andauert. Die Tiefenerosion setzt sich fort. Der Grundwasserspiegel sinkt. Das Geschiebe, der Flusskies, machte der Schifffahrt große Probleme. Nach dem Ersten Weltkrieg wurde Frankreich das Recht zugesichert, den Grand Canal d'Alsace

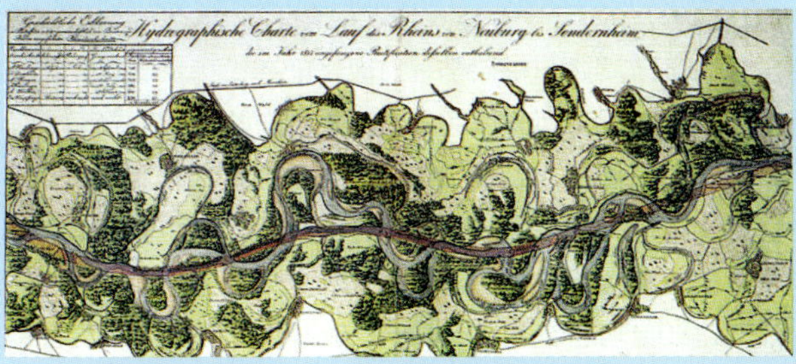

Tullas Plan

zu bauen. Damit sollte die Schifffahrt gesichert und durch Stauwerke eine große Energiequelle gewonnen werden. Negative Folge dieses Baus war die weitere Versteppung des Oberrheingrabens. Ausgeklügelte Maßnahmen, z. B. Kies ausbaggern und an anderer Stelle dem Fluss wieder zuführen sowie Überschwemmungsbassins, versuchen das Ökosystem in Balance zu halten. Nach dem Zweiten Weltkrieg wurde der Kanalbau fortgesetzt. Die dafür notwendige Kooperation zwischen Deutschland und Frankreich erwies sich als erster Test für die Aussöhnung beider Nationen. Heute arbeiten an der Wiederbelebung des Flusssystems und am Schutz seiner Anwohner mehrere internationale Kommissionen. Der Rhein gilt international als gelungenes Beispiel einer Flusssanierung.

Tullas Ergebnis

Die Eingangsfassade der ***St. Alexander Kirche*** aus rotem Sandstein ist einen Blick wert. Mir wird unmissverständlich klar, wovor sich die Rastatter fürchten. An der Fassade befinden sich vier Heiligenfiguren: Donatus schützt vor Gewitter, Karl Borromäus gegen die Pest, Antonius von Padua verhindert Überschwemmungen und der Heilige Florian hält schützend seine Hand gegen Feuersbrünste.

Das ***Schloss*** ist die älteste Barockresidenz am Oberrhein. Markgraf Ludwig Wilhelm von Baden, auch Türkenlouis genannt, beauftragte 1695 den italienischen Baumeister Domenico Rossi, eine standesge-

mäße Residenz anzulegen. Heute befindet sich im Erdgeschoss des Corps de Logis die Erinnerungsstätte für die Freiheitsbewegungen in der deutschen Geschichte. Zeremonieller und künstlerischer Höhepunkt der Residenz war der Ahnensaal. Stuckfiguren stellen türkische Gefangene dar und erinnern an die Siege des Markgrafen über das osmanische Heer. Der Graf starb 1707, erst 51-jährig. Seine Frau, Franziska Sibylla Augusta, ließ das Schloss durch den Baumeister Johann Michael Rohrer vollenden. Dazu gehört das ***Pagodenhaus*** südlich vom Schloss. Das 1722 auf der Hochterrasse der Murg entstandene ehemalige Teehaus der gräflichen Familie liegt inmitten einer Gartenanlage. Den Blick auf diese Anlage genieße ich vom gegenüberliegenden Café.

Dann fahre ich 5 km südöstlich vom Zentrum zum ***Schloss Favorite***. Gräfin Sibylla Augusta ließ sich nach dem Tod des Gatten von Baumeister Rohrer ihr persönliches Schloss erbauen. Das Gebäude hat einen außergewöhnlichen Verputz aus Rheinkieseln. Die Innenausstattung, die Prunkküche und die Spiegelkabinette sind beeindruckend. Ihr Schlafgemach zierte die Witwe mit dem Spruch: „Ubi Adam" = Adam, wo bist du? Sibylla Augusta war eine fromme Frau und ließ auf ihren Grabstein die sinnige Inschrift „Betet für die große Sünderin Augusta" meißeln. Wer weiß, was sie in dieser Zeit der frivolen Gesinnung angestellt hat?

oben: Residenz Rastatt
unten: Schloss Favorite

Den Weg aus **Rastatt** raus, finde ich über die Kehlerstraße. Sie führt am Stadtgarten vorbei Richtung Iffezheim. Ich fahre durch den Niederwald. Kurz nach dem Wald biege ich rechts in den Wittweg ab. Er führt an der Pferderennbahn vorbei und stößt direkt auf die Hauptstraße in **Iffezheim**, in die ich rechts abbiege und bis zu einem Kreisverkehr radle, den ich auf zwölf Uhr verlasse. Nach dem Kreisverkehr links in den Spitzenweg abbiegen. Nach 300 m knickt der Spitzenweg scharf nach rechts und führt zum Rhein. Auf der **Staustufe Iffezheim** überquere ich den schäumend strömenden Rhein. Am linken Ufer bin ich wieder im Elsass.

Iggelheim
Speyer
Dom
Altlußheim
Mußbach
Hassloch
Dudenhofen
Neustadt
B39
Rheinhausen
Lachen-Speyerdorf
Harthausen
Römerberg
Geinsheim
B9
Hambach
Schloss
Duttweiler
Schwegenheim
Philippsburg
Maikammer
Lingenfeld
Rheinsheim
Lustadt
B35
Edenkoben
Germersheim
B272
Roth
A65
Hochstadt
Edesheim
Essingen
Sondernheim
Rußheim
Burrweiler
Dettenheim
Bellheim
Gleisweiler
B9
Offenbach
Rülzheim
Landau
Birkweiler
Herxheim
Leinsweiler
Insheim
Rheinzabern
Eschbach
Madenburg
A65
Jockgrim
Klingenmünster
Billigheim
Rhein
Kandel
B9
Oberhofen
B427
Wörth
Minfeld
Bad Bergzabern
Karlsruhe
Freckenfeld
Hagenbach
Oberotterbach
Weintor
Neuburg
Steinfeld
Rheinstetten
Schweigen
Wissembourg
Scheibenhardt
Lauterbourg
Au
Durmersheim
Schleithal
Elchesheim
N
0
6 km
A350
Bietigheim
Südliche Weinstraße

Tour 15

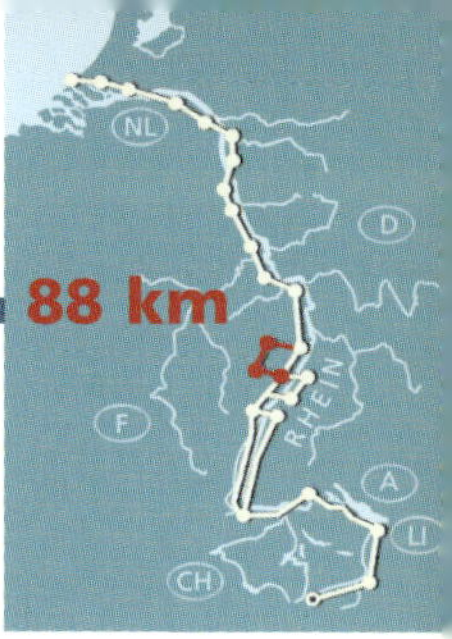

Volle Pulle durch die Weinstraße

Alternative Route von Speyer durch die Pfalz nach Lauterbourg

Warum nicht durch die Weindörfer der Pfalz ins Elsass fahren? Auf der Strecke am Rhein entlang ist zwar auf ebenen Wegen gut Radeln, aber es ist auch etwas einsam. Abwechslungsreicher ist die Tour über Neustadt und Bad Bergzabern. Durch das Deutsche Weintor rolle ich nach Frankreich und fahre über Wissembourg weiter nach Lauterbourg am Rhein. Das sind etwa 88 km gegenüber 55 km auf der Rheinstrecke.

Ich verlasse **Speyer** durch das „Altpörtel" genannte Stadttor am Ende der Maximilianstraße. Es wurde im 13. Jh. erbaut und ist mit 55 m eines der höchsten Tore Deutschlands. Jetzt rechts in die Bahnhofstraße, die nächste links, unter der Bahn durch in die Iggelheimer Straße, die mich aus Speyer hinaus führt. Nach Unterquerung der Autobahn fahre ich auf dem Radweg der Landstraße durch den Speyerer Stadtwald nach **Iggelheim**. In der Ortsmitte biege ich links in die Langgasse Richtung Hassloch ab, das ich nach 4 km erreiche. In **Hassloch** fahre ich zur Ortsmitte und biege bei der alten Christuskirche links Richtung Neustadt ab. Auf dem Radweg neben der gut befahrenen Landstraße fahre ich an Obstgärten entlang. Nach der Autobahnunterführung rechts, die Bahnlinie kreuzen, dann bringt mich die Straße an Weinfeldern vorbei zu einem Fass am Ortseingang von **Mußbach**, auf das ein Esel gemalt ist. Es wirbt für die renommierte Weinlage „Musbacher Eselshaut". Ich fahre nach Musbach hinein. Bei der Straße An der Eselshaut kurve ich auf den Hof der Genossenschaft, auf dem die Weinbeeren steppen. Von September bis Oktober findet hier, wie an vielen anderen Orten der Pfalz, durchgehend ein ***Weinfest*** statt. Einheimische und Feriengäste, Handwerker, Weinbergsarbeiter, Wurstverkäuferinnen

Radeln durch Reben

Pfälzer Wein

Je 40 km nördlich und südlich von Neustadt erstreckt sich das ertragsstärkste Weinbaugebiet Deutschlands. Die „Weinbauwerkstatt Pfalz" (Hugh Johnson) bietet eine Vielfalt an Gewächsen und Stilen, wie kein anderes deutsches Anbaugebiet. Neustadt war einst die „Weinscheide" zwischen den einfacheren, ländlicheren Weinen im Süden und den Renommiergranaten im Norden. Nördlich von Neustadt liegen einige Weingüter, die auf den Luxusmärkten der Welt bestens etabliert sind. In dem Bereich der südlichen Weinstraße hat eine neue Generation von Winzern Weine geschaffen, die die der etablierten Güter sogar übertreffen. Orte wie Duttweiler, Siebeldingen oder Schweigen bringen ebenso feine Gewächse hervor, wie das schöne Deidesheim oder das berühmte Bad Dürkheim. In der Pfalz werden zahlreiche Rebsorten angebaut: der royale Riesling, der fruchtige weiße und graue Burgunder, die gehaltvolle Scheurebe oder der spritzige Muskateller und andere mehr. Der samtige rote Dornfelder hat ein überzeugendes Come-back geschafft. Pfälzer Wein ist reif, körperreich und schlotzig dank harmonischer Säure. Der Liebhaber edelsüßer Spezialitäten findet in der Pfalz einige hochkarätige, facettenreiche Tropfen. Die meisten Weingüter laden zu Proben ein. Man kann sich also sein eigenes Geschmacksbild machen. Angenehm sind auch die moderaten Preise der Weingüter, die noch nicht zu den internationalen Stars gehören. Die Chance, in der Pfalz schlechtem Wein zu begegnen, ist so gering wie sonst nirgendwo in Deutschland.

und Flüchtlinge aus umliegenden Schönheitsfarmen sitzen an Holztischen beim leckeren Federweißen. Damit das lästige Nachschub Holen reduziert wird, haben viele Trinker das strohfarbene Gesöff in 5-Liter-Kanistern vor sich. „Beim zehnde simmer erscht richtisch fit", versichert mir ein kompetenter Trinker, aber man müsse auf die abführende Wirkung aufpassen. Ein Pfälzer, der in Bremen eine metallverarbeitende Firma führt, kommt jedes Jahr zur Lese in seine Heimat zurück, um „körperlich und geistig aufzutanken". Der Wein sei die Quelle seines positiven Lebensgefühls, erklärt der ältere Herr lächelnd.

Pfälzer Lebensgefühl

Der Weg zur Rheinquelle, den ich nicht aus den Augen lassen will, führt mich von **Mußbach** auf der Straße Zum Ordenswald zur Überquerung der B 39. Weiter auf der Adolf-Kolping-Straße. Rechts auf der Speyerdorferstraße komme ich zum Bahnhof von **Neustadt**. Nördlich vom Bahnhof liegt die touristische Meile mit Gässchen, Fachwerkhäusern und Brunnen. Schön anzusehen ist auch das ***Casimirianum***, das 1578 vom Pfalzgrafen Johan Casimir für die calvinistischen Flüchtlinge eingerichtet wurde. Die Erinnerung an den toleranten und lebenslustigen Grafen blieb als der oft besungene „Jäger aus Kurpfalz" bis heute lebendig. Südlich des Bahnhofs führt die Hambacher Straße auf die ***Weinstraße***, der ich nun bis zur französischen Grenze folgen werde. Gut beschildert, mit Rad und Traube auf grünem Grund, ist der Weg nicht zu verfehlen. Es geht etwas bergauf nach **Hambach**. Bevor die Straße am Ortsende nach Osten knickt, biege ich in einen Landwirtschaftsweg. Auf der Höhe des Pfälzer Waldes liegt das ***Hambacher Schloss***. Es ist berühmt durch das Hambacher Fest, bei dem am 27. Mai 1832 30 000 Studenten für nationale Einheit, Freiheit und Demokratie demonstrierten. Hier wurde zum ersten Mal die schwarz-rot-goldene Flagge gehisst. Die Farben hatten keine lange politische Tradition, sondern waren Erkennungsfarben des Freicorps Lützow, das in den Befreiungskriegen gegen Napoleon große Tapferkeit zeigte. Die Originalfahne mit der Aufschrift „Deutschlands Wiedergeburt" wird im Schloss in einer Aus-

Hambacher Schloss

stellung zur Entwicklung der deutschen Demokratie gezeigt. Ein Besucher des hochgelegenen Schlosses könnte mich nun durch die Rebenfelder nach **Maikammer** strampeln sehen. Danach heißt es klettern bis nach **Edenkoben.** Hier kann man die Villa ***Ludwigshöhe*** besichtigen, Mitte des 19. Jh. im italienischen Stil für den Bayernkönig Ludwig I. erbaut. Die Räume sind nach pompejanischen Vorbildern gestaltet und mit einzigartigen Parkettböden ausgestattet. Sehenswert ist die ***Max-Slevogt-Galerie***. Der in Berlin erfolgreiche Impressionist verbrachte die Sommer in Neukastel bei Leinsweiler. Hier schuf er seine schönsten Bilder. Die nächsten Orte an der Weinstraße sind das schmucke **Rhodt**, **Burrweiler** und **Gleisweiler**.

Südliche Weinstraße

All diese Weindörfer haben von Fachwerkhäusern gesäumte Straßen, die oft mit Rebengirlanden überspannt sind. In Gleisweiler kann man einen kleinen Schlenker auf einem Landwirtschaftsweg westlich der Weinstraße machen, der nach **Siebeldingen** führt. Am Wegrand sehe ich einen Hagebuttensammler. Aus den Hagebutten macht er Likör. Auch Schlehen pflückt er, um Hochprozentiges zu gewinnen. Bei ihm bekommen die sauren blauen Früchte den Frost, den sie zur Reife brauchen, im Tiefkühlfach. Ich kreuze die Bahnlinie und die B 10 und komme nach **Birkweiler**.

Nach Osten dehnen sich weit die Rebenhügel. Ein Winzer, der nicht zu den renommierten gehört, bastelt an seinem Traktor. 40 000,- EUR kostet die Maschine. Er klagt, 15 Cent bekomme er für den Liter neuen Wein. Nur 33% betrage der Marktanteil der deutschen Weine in Deutschland, aber die Produktionskosten seien erheblich höher als im Ausland. Die jungen Leute hätten kein Interesse mehr, Winzer zu werden. Die m^2-Preise für die Weinberge würden immer weiter sinken. Bald würden hier Brachflächen entstehen. Nur Großbetriebe hätten dann noch eine Chance. Das sehen gerade in dieser Gegend einige kleine Betriebe ganz anders. Vor zwei Generationen galt die Südpfalz als „Süßpfalz", deren Produkte dazu beitrugen, den Kopf der Trinker und den Ruf deutscher Weine nachhaltig zu schädigen. Nur wenige Betriebe, wie etwa die Weingüter Rebholz, Wehrheim oder Friedrich Becker, legten Wert auf natürlichen Ausbau der Weine. Heute gehört ihnen die Zukunft.

Ausflug

Abstecher zur Burg Trifels. Wer Lust auf einen weiten Ausblick über die Südpfalz hat und sich vom Hauch der Geschichte umwehen lassen möchte, kann die ***Burg Trifels*** besuchen. Es sind 200 m Höhenunterschied zu überwinden. Der Weg führt von **Birkweiler** bergan. Es gilt, die Abzweigung nach **Sonnenberg** nicht zu verfehlen. Von dort geht es noch einmal bergauf. Trifels war eine bedeutende Burg der Staufer und 150 Jahre lang Hort der Reichsinsignien. Heinrich IV. hielt hinter den dicken Mauern König Löwenherz gefangen.

Hinter **Birkweiler** habe ich eine anständige Steigung zu bewältigen. Auf halbem Weg nach **Leinsweiler** begegnet mir noch einmal Max Slevogt (1868–1932) durch und auf seiner ehemaligen Sommerresidenz, dem ***Slevogthof***. Der Künstler schuf hier 150 Gemälde und ruhte nicht, bis er Decken und Wände seines Heims mit flottem Pinselstrich verschönert hatte. Diese Räume sind nur mit Führungen zu besuchen. Wartezeiten überbrückt man im ***Skulpturengarten*** oder in der Gaststätte mit der Meditation über den Satz des Künstlers: „Das Auge sieht, was es sucht."

Bibliothek von Max Slevogt

Nach **Leinsweiler** kommt nach kurzer Abfahrt **Eschbach** mit seiner ***Burgruine Madenburg***, die einen prächtigen Blick auf die Dörfer und Weinberge bietet. Weiter geht's bergab ins uralte **Klingenmünster**. Es hört sich ein wenig nach Comic an, ist aber korrekt, dass vermutlich Dagobert I. das „Monasterium Clingonis" 626 n. Chr. gegründet hat. Die Nachfolger der Clingonen sind stolz auf die Ruinen des Schlosses und die ***Kirche St. Michael***, in deren Bau der barocke Baumeister die mittelalterlichen Mauern integrierte. Hinter Klingenmünster fahre ich auf einem Seitenweg rechts der B 48.

Bei **Oberhofen** führt ein Weg östlich von der Bundesstraße durch die Weinberge nach **Bad Bergzabern**. Hier müssen die Weinberge dem näher rückenden Pfälzer Wald weichen, aus dessen Tiefen im Ort eine 32 Grad warme Heilquelle sprudelt. Für 7,20 EUR kann ich in dem licht-

durchfluteten Schwimmbad der ***Petronella Therme*** die Glieder entspannen und das Badewasser schlürfen. Es soll gegen fast alle Zipperlein gut sein, und wer noch mehr für seine Gesundheit tun will, kann sich unter Beigaben wie Milch, Meersalz oder Heublumen kneten, bürsten und streicheln lassen. Den Wellen der Wellness entstiegen, fühle ich mich stark genug, dem Ende der Weinstraße entgegenzufahren. Bevor ich die kleine Kurstadt verlasse, werfe ich noch einen Blick auf das prächtige ***Gasthaus zum Engel***, einem der schönsten Renaissancehäuser der Pfalz. In ihm ist ein Heimatmuseum untergebracht.

Petronella Therme

Die Weinstraße geht von der B 427 nach Süden ab. Hinter den letzten Häusern findet sich neben der Landstraße auch ein Radweg durch Felder und Reben. Klettern muss man auf beiden Strecken. In **Oberotterbach** fahre ich bei der Kirche rechts, nach 500 m links und steige weiter auf dem Landwirtschaftsweg durch die Felder bergan. Auf dem Scheitelpunkt des Weges sehe ich nun Schweigen und Wissembourg auf der französischen Seite vor mir. Die angenehme Abfahrt endet vor einem klotzigen braunen Bauwerk, das Anfang und Ende dieser lieblichen Straße ist, dem ***Deutschen Weintor***.

Von **Schweigen** aus rolle ich den Berg hinab durch den verlassenen Grenzübergang hindurch nach Wissembourg. **Wissembourg**, die „Weiße Burg", ist die nördlichste Stadt des Elsass' und liegt direkt an der deutschen Grenze, wo die Hügellandschaft ganz allmählich in ein Gebirge übergeht. Das Flüsschen Lauter plätschert durch den Ort, dessen Kulisse für Heimatfilme diente.

Kurze Wege, lange Schatten

X „Wein Tor"

Das Weintor und seine Nebengebäude sind unverkennbar klobige Nazi-Architektur. Nur unvollkommen wurden das Hakenkreuz und der Kopf des Adler-Emblems unkenntlich gemacht. So bleibt die Erinnerung erhalten, dass die Weinstraße eine Erfindung der Nazis ist. Bis 1930 war die Pfalz französisch besetzt. Die NSDAP hatte hier frühzeitig Erfolge. 1925 wurde die Ortsgruppe der NSDAP in Neustadt gegründet. 1932 hatte sie die Mehrheit im Stadtrat, und Hitler sprach im Neustädter Stadion. Der Gauleiter Bürckel proklamierte 1935 die „Deutsche Weinstraße". Im Oktober 1936 wurde das Weintor eingeweiht. 1938 wurden die Neustädter Synagoge und das jüdische Altersheim angezündet. An der französischen Grenze wurden die Bunker des Westwalls gebaut. Im Krieg arbeiteten Tausende von Zwangsarbeitern, meist aus Osteuropa, in der Wein- und Landwirtschaft dieser Region. 1978 wurde das Deutsche Weintor von der Genossenschaft gleichen Namens gekauft, die heute 10 Mio. Liter Wein im Jahr produziert. In den Nebengebäuden ist ein Restaurationsbetrieb, dessen Aushängeschild „Feldküche" die Erinnerung an den Ursprung des Gebäude wach hält.

Blick auf Wissembourg

Das Zentrum von Wissembourg bildet die berühmte ***St. Pierre et St. Paul Kirche***. Die Ursprünge der zweitgrößten gotischen Kirche im Elsass gehen ins 7. Jh. zurück, als irische Mönche sich auf einer kleinen Insel in der Lauter niederließen. Im Jahre 870 wird sie berühmt, als der Mönch Otfried hier seine Evangelienharmonie mit dem Titel „Krist" verfasst. Er verwendet in diesem epischen Gedicht anstatt der bis dahin üblichen Alliteration zum ersten Mal den Endreim. Durch ihren Glockenturm und eine kleine an den Kreuzgang angrenzende Kapelle hat die Kirche ihre romanische Prägung bewahrt.

Im Innenraum sind bunte Fresken aus dem 14. Jh. erhalten. Eine Darstellung des Glaubensbekenntnisses der Apostel und die sieben Werke der Barmherzigkeit. Mich fasziniert das heilige Grab mit liegender Christusfigur aus dem 18. Jh. Sein bärtiges, blasses Haupt ist auf ein rotes Kissen gebettet, so realistisch, als hätte er sich gerade schlafen gelegt, wäre da nicht die klaffende Wunde auf seinem rechten Rippenbogen. Viel fröhlicher wirken da die bunten Glasfenster im Chor, oberhalb des Hochaltars.

St. Pierre et St. Paul Kirche

Von der Kirche ist es nicht weit zum Lauter-Viertel ***Le Schlupf***. Hier stehe ich auf einer kleinen, mit Geranien geschmückten Brücke und sehe in die leise fließende Lauter. Bei einem Stadtrundgang sollte man dem ***Quai Anselmann*** und dem alten Stadtviertel ***Bruch*** Beachtung schenken. Genauso wie dem prächtigen ***Rathaus*** von 1741 / '52 und dem ***Haus Westercamp***, in dem heute das Stadtmuseum untergebracht ist.

Haus im Lauter Viertel Le Schlupf

Auf dem Radweg Richtung Welschdorf verlasse ich **Wissembourg**. Durch eine Sackgasse erreiche ich links die av. du Général de Gaulle. Es geht geradeaus, gleich hinter der Brücke biege ich rechts ab, und ein unbefestigter Weg führt mich nach **Welschdorf**. Kurz an den Bahngleisen entlangfahren, sie dann nach rechts überqueren. An einem Sportplatz und an einem Holzlagerplatz vorbeifahren. Weiter durch ein Gewerbegebiet. Die D 3 überqueren. Auf der linken Seite ist ein Hippodrom. Ich fahre weiter geradeaus, vorbei am Rand des Waldes „Basse Forêt du Mundat" Richtung Schleithal.

Schleithal hat nicht nur schöne Fachwerkhäuser, sondern ist mit seinen 4,2 km auch das längste zusammenhängende Dorf des Elsass'. Nach dem Sportplatz auf der linken Seite macht der Radweg einen Linksknick. Dann gleich wieder rechts auf der Unteren Ringgasse 3 km bis nach **Salmbach** radeln. An Salmbach vorbei geht es gemütlich weiter über **Niederlauterbach** bis ins 5 km entfernte **Scheibenhardt**.

Am Dorfanfang biege ich an der Stoppstraße nach rechts, dann links in die rue de la Compagnie und überquere die Lauter und gleichzeitig die Grenze von Frankreich nach Deutschland. Von hier aus sind es noch 5 km, bis die Lauter in den Rhein fließt. Hinter der Grenze kreuze ich die Landstraße und fahre gleich wieder rechts Richtung **Neulauterburg** ca. 3 km auf dem unbefestigten Radweg. Kurz vor Lauterbourg heißt der Weg Scheibenhardter Straße. An der Kreuzung in Neu-Lauterburg geht's rechts zurück nach Frankreich auf der D 468 nach **Lauterbourg**.

Weinberge im Windschatten

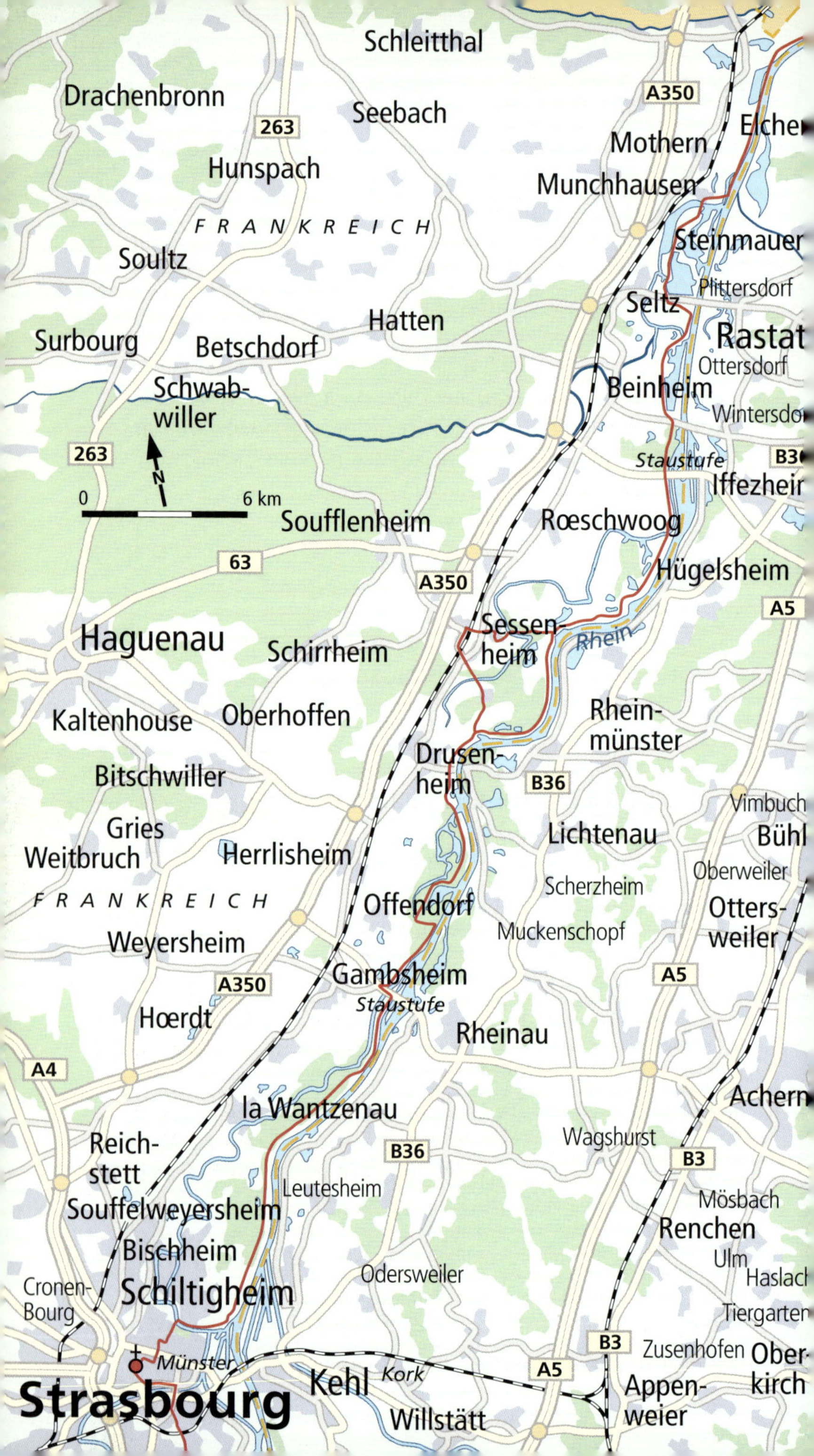
Schleitthal
Drachenbronn
Seebach
263
Hunspach
A350
Mothern
Elchesheim
Munchhausen
FRANKREICH
Steinmauern
Soultz
Plittersdorf
Seltz
Hatten
Rastatt
Surbourg
Betschdorf
Ottersdorf
Schwab-
willer
Beinheim
Wintersdorf
263
Staustufe
B36
Iffezheim
0
6 km
N
Soufflenheim
Rœschwoog
63
A350
Hügelsheim
A5
Haguenau
Schirrheim
Sessen-
heim
Rhein
Kaltenhouse
Oberhoffen
Rhein-
münster
Drusen-
heim
B36
Bitschwiller
Vimbuch
Gries
Lichtenau
Bühl
Weitbruch
Herrlisheim
Oberweiler
Scherzheim
FRANKREICH
Offendorf
Otters-
weiler
Muckenschopf
Weyersheim
Gambsheim
A5
A350
Staustufe
Hœrdt
Rheinau
A4
Achern
la Wantzenau
Reich-
stett
Wagshurst
B36
B3
Leutesheim
Mösbach
Souffelweyersheim
Renchen
Bischheim
Ulm
Odersweiler
Haslach
Cronen-
Bourg
Schiltigheim
Tiergarten
B3
Zusenhofen
Ober-
kirch
Münster
A5
Kork
Strasbourg
Kehl
Appen-
weier
Willstätt

Tour 16

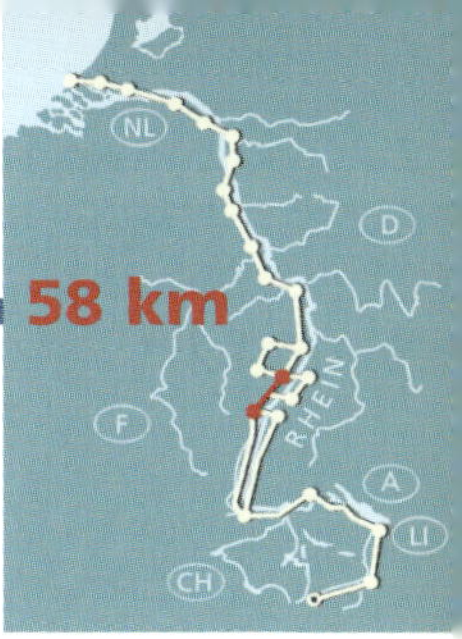

Bikultur in Reinkultur

Von Lauterbourg linksrheinisch nach Straßburg

Diese Etappe führt von Lauterbourg nahe am Rheinufer über den französischen Radwanderweg „Rheinauen" und streift mehrere kleine Orte. Von Seltz aus kann man einen Ausflug auf die andere Rheinseite ins deutsche Rastatt machen. In Iffezheim gilt es die Staustufe zu besichtigen. Kurz vor Straßburg erreichen wir La Wantzenau a.d. Ill – ein wichtiger Fischlieferant für Straßburg. Eine beschauliche, leichte und erholsame Tour, denn hier spielt die Natur die erste Geige, und ich lausche ihr aufmerksam. In urigen Wirtshäusern kann ich den Radler-Hunger mit französischer Küche in deutschen Portionen stillen, kurz: auf elsässische Art.

Baguette und Munsterkäse

Lauterbourg ist seit gallo-römischer Zeit ein wichtiger Grenzort. Von 1254 bis 1790 gehörte er zum Bistum Speyer. Ich lande an der zentral gelegenen ***Dreifaltigkeitskirche***, sehe mir den barocken Altar an, die Stieffel-Orgel von 1770 und die aus Sandstein gehauene Kanzel. Weil die Sonne scheint, werfen die Glasfenster des Altarraums buntes Licht auf Wand und Boden. Das ***Pulverkirchlein*** liegt hinter der katholischen Kirche. Es ist ein ehemaliges Pulvermagazin, das aus einem Erdwall ausgegraben, ausgebaut und 1900 als evangelische Kirche geweiht wurde.

In der „Bar du Sport" in der rue Général M. trinke ich einen Café und erfahre, dass sich gegenüber das ***Glasatelier*** von Magdalena Mayhoeffer befindet. Es gibt keine festen Öffnungszeiten, deshalb einfach mal vorbeischauen. Zur Stärkung esse ich in der „Bretonischen Crêperie" in der Hauptstraße eine zarte Crêpe.

Aus **Lauterbourg** heraus geht es von der D 248 auf die D 3. Nach 1 km folge ich bei einem Kieswerk einer Abzweigung links zum Rheinufer. Jetzt geht es Richtung Süden ca. 10 km immer am Ufer entlang durch Wälder und Rheinauen bis nach **Munchhausen**. Der Weg ist ausge-

Elsass

Was spricht der Elsässer? Französisch, deutsch oder elsässisch? Das Elsass hat eine wechselvolle Geschichte hinter sich. Seit Cäsars Zeiten ist das Land zwischen Rhein und Vogesen immer wieder Schlachtfeld gewesen. Seit dem Ende des 30-jährigen Krieges wurden immer mehr elsässische Gebiete französisch und blieben es auch nach der Französischen Revolution. Erst nach dem deutsch-französischen Krieg 1870–71 musste Frankreich das Elsass ans Deutsche Reich abtreten und es wurde Elsass-Lothringen. Durch den Vertrag von Versailles, 1919, kam es wieder an Frankreich zurück. Im Zweiten Weltkrieg, 1940, wurde das Elsass wieder von Deutschland annektiert und bildete bis 1945 zusammen mit Baden den Gau Oberrhein. Seit Ende des Zweiten Weltkrieges gehörte das Elsass wieder zu Frankreich. In 75 Jahren wurde den Elsässern vier Mal verordnet, Sprache und Kultur zu wechseln. Wem gehört heute eher die Sympathie? „Wir sind bikulturell", sagt der Stadtführer Robert Zimmermann in Straßburg. Das intellektuelle Zentrum ist Straßburg mit drei Universitäten, dem Sitz des Europäischen Parlaments und dem Internationalen Gerichtshof für Menschenrechte. Colmar ist die Weinhauptstadt, und das Handels- und Wirtschaftszentrum bildet Mulhouse im Süden. Das Elsass verbindet sehr unterschiedliche Landschaften: vom sanften Rheintal bis zur höchsten Erhebung dem, „Le Grand Ballon" mit 1424 m. Von vielen wird die Mentalität der Einheimischen als eine Mischung aus deutscher Gründlichkeit und dem französischen „savoir vivre" beschrieben. Mir wird auf jeden Fall die Gastlichkeit im Gedächtnis bleiben. „Und die Blumen", sagt ein englischer Tourist, „überall an den Fenstern die herrlichen Blumen".

Es stimmt. Das Elsass ist schön.

schildert als Deutsch-Französischer Radwanderweg Rheinauen. Ab Munchhausen umfahre ich ein Auengebiet und einen See vorbei am Bois de Seltz.

Der berühmteste Tourist dieser Gegend war Goethe. Er schrieb 1779 an Charlotte von Stein: „Wollte Gott, wir wohnten hier zusammen, mancher würde nicht so schnell im Winter einfrieren und im Sommer austrocknen. Der Rhein und die klaren Gebirge in der Nähe, die abwechselnden Wälder, Wiesen und gartenmäßigen Felder machen dem Menschen wohl und geben mir eine Art Behagens, das ich lange entbehrte." Goethe spricht mir aus der Seele. Auch wenn sich das Elsass seit Goethes Zeiten gewaltig verändert hat, so findet man hier immer noch viele „behagliche" Flecken und Strecken.

„Ein Mädchen und ein Gläschen Wein sind die Retter in der Not." (Goethe)

Den See „Le Salmengrund" umfahre ich links bis zu einer Auto- und Personenfähre, die es hier schon seit 1310 gibt.

Ausflug

Hier ist ein ***Abstecher nach Rastatt*** möglich. Auf dem rechten Ufer führt die Fährstraße geradeaus durch ein Wald- und Seengebiet nach **Plittersdorf**. Im Dorf geradeaus, rechts bis zur Kirche. Dem Straßenverlauf ca. 3,5 km folgend, vorbei am Vorort **Rheinau** auf der linken Seite und einer Versuchs- und Leergut-Anlage rechter Hand. Die Straße führt Richtung Süden auf den Rheintal-Wanderweg (Westroute). Auf ihm links und geradewegs ins Zentrum von Rastatt radeln. Über Rastatt informiert **Tour 14.**

Die **linksrheinische Route** führt nach **Munchhausen** etwas vom Uferweg an Altgewässern vorbei, passiert die Fährstelle nach Plittersdorf, umfährt ein Hafenbecken, unterquert eine Brücke und landet an der **Staustufe Iffezheim**. 10 Staustufen durchfließt der Rhein zwischen Kembs bei Basel und Iffezheim. Von 244,26 m Höhe ist er hier auf 111,50 m Höhe gefallen.

Staustufe Iffezheim

Am Ufer führt ein gut fahrbarer Radweg namens Rheintalweg (Ortenau-Weg Ostroute) durch saftige Auen und Weichholzauenwälder. Nach 5 km geht eine Abzweigung zum Dorf Fort Louis. Ich radle weiter geradeaus, vorbei am See Gravière durch den Wertwald.

X Staustufe Iffezheim

1974 wurde mit dem Bau von Schleuse, Wehr und Kraftwerk ***Iffezheim*** *begonnen. Nach der Fertigstellung mussten noch flussabwärts Buhnen und Uferböschungen auf der deutsch-französischen Grenzstrecke mit rund 310 000 t Schüttsteinen ausgebaut werden. Als Gegenmaßnahme zur verstärkten Tiefenerosion werden jährlich 300 000 m³ Kies in das Flussbett geschüttet. Noch etwas hatte man vergessen: die Bewohner im Rhein.*

Nach langem Zögern wurde mit der ***Fischtreppe Iffezheim*** *ein bedeutendes Ökologieprojekt realisiert. Zielvorgabe war, den Wanderfischen wie Lachs, Meerforelle, Alse, Meerneunauge und Stör einen stabilen Lebensraum zu bieten und damit die Rückkehr zu den angestammten Laichplätzen zu ermöglichen. Es entstand das „Programm Lachs 2000". Im Unterwasser der Staustufe wurden zwei Eingänge für Wanderfische und ein Eingang für lokale Fischarten gebaut. Über ein Verteilbecken wird mittels einer Lockstromturbine den Fischen die erforderliche Lockströmung zugeführt. Die Fischtreppe ist eine offene Betonrinne mit einer Länge von 200 m und einem Anstieg von 1 m auf 15 m Länge. 37 hintereinander angeordnete Becken sind durch senkrechte Schlitze miteinander verbunden. Während des anstrengenden Anstiegs können sich die Fische in den 1,5 m tiefen Becken ausruhen.*

Der Erfolg gibt den Planern Recht, denn gerade wurde ein markierter Lachs aus dem Atlantik an der Staustufe Iffezheim gefangen. Er wurde vor fünf bis sieben Jahren als Junglachs an Rheinzuflüssen eingesetzt und wog bei seiner Rückkehr 5,1 Kilo. In der seeähnlichen Umgebung der Staustufe lebt eine große Artenvielfalt von Wasservögeln. Im Uferbereich wachsen seltene Pflanzen von der Golddistel bis zu verschiedenen Arten von Orchideen.

Ausflug

Verliebter Goethe

Abstecher nach Sessenheim. Goethefreunde werden nun ins 3 km entfernte ***Sessenheim*** fahren. Hier lernte der 21-jährige Goethe die 19-jährige Pfarrerstochter Frederike Brion kennen. Da „ging fürwahr an diesem ländlichen Himmel ein allerliebster Stern auf", schrieb der junge Dichter. Nach einem Jahr endete die Liaison in Tränen und verewigte sich in Zeilen wie:

„Ich ging, du standst und sahst zur Erden
Und sahst mir nach mit nassem Blick:
Und doch, welch Glück, geliebt zu werden!
Und lieben, Götter, welch ein Glück!"

Ein kleines ***Goethe-Museum*** erinnert an die Dichtung und Wahrheit der beiden.

Zurück am Rheinufer folgt die Route dem Strom auf einer 3 km langen Linkskurve bis **Drusenheim**. Vom Drusenheimer Ufer transportiert eine Fähre kostenlos Autos, Radfahrer und Fußgänger täglich bis 20 Uhr nach Greffern auf die rechte Rheinseite. Unterhalb von Drusenheim kreuze ich die D 2. Hier wird der Rhein ganz schmal. Nach 6 km umfahre ich rechts den Hafen Offendorf und überquere die Straße, die ins gleichnamige Dorf führt. Durch einen Wald geht es wieder ans Ufer, danach gleich wieder nach knapp 1 km rechts Richtung **Offendorf**. Geradeaus am Rhein führt der Weg ebenfalls weiter, ist aber nicht so gut zu fahren. Ich biege links zu einer Straße an einem Kieswerk ab und wieder links zur **Staustufe Gambsheim**.
Von hier aus sind es nochmal 5 km durch Auengebiet, den Gemeindeforst Honau, bis rechts ein kleiner Weg nach **La Wantzenau** abbiegt. Ich mache einen Abstecher in den Ort. Nach 100 m fahre ich scharf links und nach 500 m wieder rechts und geradeaus ins Örtchen. Hier kann

man Golf spielen, übernachten und gut essen. Ich entscheide mich für das „Au pont l'Ill", weil ich Appetit auf Fisch habe. Der wird hier ganz frisch von Monsieur Pierre Daull angeboten, in 2, rue du Général Leclerc. Zurück am Rhein, fahre ich genauso wie ich gekommen bin. Der Weg am Rheinufer verläuft durch den Robertsauer Wald und nähert sich Straßburg. Er führt an Tanklagern vorbei. Ich folge dem Straßenverlauf durchs Hafengebiet und lande am Canal de la Marne au Rhin auf dem Quai Jacoutot am Rande des Zentrums von **Straßburg**.

Links, über die Brücke, komme ich gleich in ein Schmuckstück der Stadt, die ***Orangerie***. Die Straßburger lieben diesen alten Park mit See, Spielplätzen, einem kleinen Zoo und Störchen. Ich verlasse den Park an der av. de l'Europe.

rechts: Europas Parlament

unten: Gerichtshof für Menschenrechte

Auf der anderen Straßenseite gibt das in den 70er Jahren im Stil einer Mokkacremeschnitte erbaute Gebäude des Europarats einen Vorgeschmack auf Größeres. Ich überquere die Avenue und fahre an das Ufer der Ill.

Gegenüber liegt das gewaltige Glashaus des ***Europäischen Parlaments***. Rechts stehen die silbrigen dosenförmigen Türme des ***Europäischen Gerichtshofs für Menschenrechte***. Dieses Ensemble moderner Architektur, das Spiel der Reflexionen in Wasser und Glas, die weite Dimension der runden Formen beeindrucken mich. Leider sind die Gebäude nur noch in Gruppen nach Voranmeldung zu besichtigen.

Zum alten Stadtkern fahre ich links am Ufer der Ill geradeaus und erreiche den Quai des Pècheurs. Der Münsterturm weist mir den Weg über eine der Brücken. So erreiche ich den ***Place de la Cathédrale***, das Herz von Straßburg. Hier befindet sich in Nr. 17, an der Seite des Turms, auch das Verkehrsamt, wo ich mich mit Stadtplan und allem Wissenswerten versorge. Straßburg ist eine wunderbare Stadt, verbindet Altes und Moderne, verkraftet Touristenscharen, lässt seine Bewohner ihr Leben leben, gibt jungen Leuten aus vielen Nationen Raum und bleibt gleichzeitig herrlich altertümlich.

„Wir Elsässer picken uns von allem das Beste heraus", sagt der „bikulturelle" Robert Zimmermann, den ich in der Bierstube „Zu den 12 Aposteln" in der rue Mercière, direkt am Münster, kennen lerne. „Offiziell gibt es in Straßburg nur 11 Apostel", sagt der Pensionär, zieht mich auf die Straße und zeigt mir am ***Münster*** oberhalb der grandiosen Rose die Apostelgalerie. Es sind tatsächlich nur 11. „Und der 12. trinkt gerade ein Bier", erklärt mir der Heimatkundler. Er kennt sich aus, nicht nur mit Scherzen.

oben: Grandiose Rose
mitte: Apostelgalerie
unten: Münsterplatz

Robert weiß, warum das Münster nur einen Turm hat. Ursprünglich waren zwei Türme geplant, wie bei Nôtre Dame. Doch nach dem Erdbeben im Oberrheingraben 1320 wurde der Bauplan geändert. Die Basen der Türme wurden durch ein Mittelstück gestützt und der eine Turm als Feuerbeobachtungsturm aufgesetzt. Es sprengt den Rahmen dieses Buches, die steinernen und gläsernen Schönheiten des Münsters zu würdigen. Mit oder ohne Führer lohnt es, sich für dieses Bauwerk Zeit zu nehmen. Ein drittes Mal noch soll der Straßburger Student Goethe für mich sprechen, der sich vor dem Münsterbesuch grauste und nach dem ersten Anblick überrascht gestand: „Ein ganzer, großer Eindruck füllte meine Seele, weil er aus tausend harmonierenden Einzelheiten bestand." Ich schlendere mit Robert über den Münsterplatz, am ver-

„Bauchmesser"

Vater Rhein

butzten ***Haus Kammerzell*** vorbei, das ein württembergischer Käsehändler 1589 auf alten Fundamenten erbaute. Robert zeigt mir das ***Schnabelschuhhaus*** in der rue de Maroquin, in dem Kaiser Sigismund mit den Straßburger Damen tanzte, bis er seine Schuhe verlor. Ein paar Schritte weiter schaut ein steinernes, wildes Gesicht von einem Erker herab. Es ist mein Protagonist, der Rhein, der seit Römerzeiten als kräftiger Mann mit Vollbart dargestellt wird. Er schmückt den ehemaligen Fischmarkt am ***Ufer der Ill***. Heute legen hier die Schiffe zur Stadtbesichtigung ab.

Wir spazieren am Ufer der Ill entlang, die im Süden des Elsass' entspringt und seit dem Mittelalter durch Schleusen gebändigt ist. Straßburg ist eine Wasserscheide zwischen Nord- und Südeuropa. Von hier kann man in die Nordsee und durch den Rhein-Marne-Kanal ins Mittelmeer schippern.

Gerberviertel

Im Gerberviertel, auch ***Petite France*** genannt, bietet der Place Benjamin-Zix einen herrlichen Blick auf die alten Fachwerkhäuser der Gerber mit ihren tiefgezogenen Dächern. In den Dachböden wurden die Häute getrocknet. Nicht weit entfernt, am Südufer der Ill, gegenüber den „Gedeckte Brücken" genannten alten Wehrtürmen, befindet sich das ***Museum für moderne Kunst***. Glasarchitektur scheint seit den Butzenscheiben des Hauses Kammerzell eine Straßburger Vorliebe zu sein. Hinter den Scheiben wird eine solide Sammlung von Kunstwerken des 19. und 20. Jh. gezeigt. Speziell ist der Saal für den Meisterstecher Gustav Doré. Hier kann man seine Gemälde studieren. Es gibt noch zwei weitere Museen, deren Besuch sich lohnt: das ***Rohanschloss*** mit Malerei vom 13.–19. Jh., Kunstgewerbe und prähistorischer Sammlung am Place du Château in der Nähe des Münsters. Ein Haus weiter steht das ***Frauenhausmuseum*** in einem Gebäude mit zwei Treppengiebeln. Hier ist mittelalterliche Kunst des Elsass' zu sehen, darunter viele originale Skulpturen aus dem Münster.

Straßburg bietet viel Kunst, auch auf gastronomischem Gebiet. Restaurants aller Klassen wetteifern miteinander, die bekannt gute Küche des Elsass' anzubieten. Die Winstub ***Zum Strissel*** lädt in großen gemütlichen Räumen zu vielen exzellent zubereiteten elsässischen Spezialitäten ein. Ein Kleinod ist das ***Hailich Graab***. Hier wird der dampfende Schinken vor den Augen der Gäste vom Chef persönlich geschnitten. Eine gastronomische Legende ist das ***Crocodile***. Das Michelin-Stern gekrönte Etablissement ist nicht der Ort, an dem Fahrradfahrer erwartet werden. Doch der Patron Émile Jung hat nicht nur einen exquisiten Geschmack, sondern auch ein großes Herz. Mir erwies er das Privileg, die Küche zu besuchen, während das Abendgeschäft lief. Der Rhythmus der Töpfe, die Melodien des Brutzelns und Blubberns, unterbrochen von den Weisungen des Chefs, bleiben mir so unvergesslich wie die Köstlichkeiten für den Gaumen. Vielleicht macht ein Wermutstropfen dieses Luxusrestaurant besonders sympathisch. Das „Crocodile" war seit 1989 mit drei Sternen ausgezeichnet. Doch 2002 passierte die Katastrophe. Émile Jung verlor einen Stern. War er verliebt und hatte die Suppe versalzen? Doch in dieser schweren Stunde seines Lebens blieb der Zuspruch von Freunden, Konkurrenten und Gästen nicht aus. Émile machte weiter und blieb seiner Philosophie treu. „Ich höre meinen Sinnen zu. Die sagen mir, was ich zu tun habe. Habe ich die Freude, ist es recht. Ist es gezwungen oder übertrumpft, ist es falsch." Von Émile Jungs Küchenfreuden kann man sich ab 54,- EUR (Mittagsmenü) überzeugen.

oben: Hailich Graab
mitte: Au Crocodile
unten: Reich des Meisters

Strasbourg
Münster
Kehl
Dahlenheim
Lingolsheim
FRANKREICH
Avolsheim
Eckartsweiler
Illkirch
Marlen
Molsheim
Graffenstaden
Geispolsheim
Goldscheuer
A352
Rosheim
Fegertsheim
B36
Hindisheim
N83
Neuried
Schutterwald
Obernai
Dundenheim
Meistratzheim
Ichenheim
A35
Erstein
Valff
Uttenheim
A5
Barr
Kürzell
Westhouse
Gerstheim
St. Pierre
Benfeld
Lahr
Epfig
Rossfeld
N83
Blienschwiller
Rhinau
Wittenweier
FRANKREICH
Witternheim
Kippenheim
Canal du Rhône au Rhin
Scherwiller
Hilsenheim
Rust
B3
A35
Wittisheim
Taubergießen
Sélestadt
Ringsheim
A5
Baldenheim
Rheinhausen
Herbolzheim
Mussig
Weisweil
Kenzingen
Bootzheim
Rhein
Ohnenheim
Marckolsheim
Malterdingen
Wyhl
Staustufe Marckolsheim
Riegel
FRANKREICH
Endingen
Grussenheim
Bahlingen
Emmendingen
0
6 km
Burkheim
Eichstätten
Kaiserstuhl
A5
Horburg
Bötzingen
March
Achkarren
Widensolen
Colmar
Ihringen
Umkirch

Tour 17

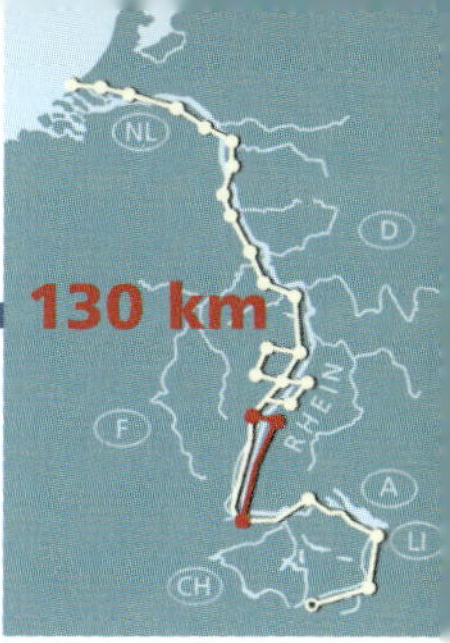

Otter, Öchsle, Oberseminare

Rechtsrheinisch von Straßburg über Kehl und Breisach nach Basel

Über die Europabrücke verlasse ich **Straßburg** und fahre in **Kehl** bei der ersten Gelegenheit zum Ufer an den Rheindamm, dem ich an der Jugendherberge und dem Schwimmbad vorbei immer geradeaus folge. Der Straßenbelag wird Schotter, es geht an den Orten **Marlen** und **Goldscheuer** vorbei. Nach einem Kieswerk stoße ich auf eine T-Kreuzung, halte mich links. An der B 36 rechts, nach 500 m je nach Verkehrslage entscheiden, ob man weiter geradeaus über **Neuried** nach Dundenheim fährt oder links über die Felder im Zickzack über das Dorf **Müllen** in **Dundenheim** ankommt. Gleich am Ortsbeginn halte ich mich rechts und fahre bei der zweiten Straße links, die mich nach **Ichenheim** bringt. Hier führt ein Weg beim Ortsanfang zum Rheindamm, an oder auf dem ich nun 20 km an den Auwäldern, Kieswerken und Baggerseen vorbei nach Süden bis zur Anlegestelle der Fähre Rhinau strampele.

Im ehemaligen Zollhaus hängt eine Informationstafel über das Naturschutzgebiet ***Taubergießen***. Es lohnt sich, für zwei Stunden das Fahrrad mit dem Boot zu tauschen und eine Fahrt durch diese Urlandschaft zu machen. Der Ausgangspunkt ist Rust, das ich über Kappel erreiche. Bernhard Koch rudert mich auf einem flachen, langen Holzboot durch das Wasserlabyrinth.

Grüner Himmel

Von **Rust** führt die Route nach Niederhausen. Ich meide die Landstraße, fahre in Rust auf der Austraße über die Elzbrücke, überquere einen weiteren Arm der Elz, halte mich links und komme nach 5 km in **Niederhausen** wieder auf die Landstraße. Im nächsten Ort, **Rheinhausen**, verläuft in der Ortsmitte beim Gasthaus „Schiff" der Radweg rechts am Ort vorbei und überquert den Leopoldkanal. Der Radweg führt gleich rechts hinter dem Kanal auf unbefestigtem Weg an Tümpeln vorbei. An einer T-Kreuzung fahre ich links bis zu einem Damm, dann weiter durch den Wald nach **Weisweil** und folge einem Bachlauf in den Ort. Bei

X Taubergießen

12 km lang und ca. 2 km breit ist das Biotop, das einen Eindruck vermittelt, wie die Oberrheinlandschaft vor der Regulierung ausgesehen hat. Das Wasser der Flussläufe entspringt in diversen Unterwasserquellen, Gießen genannt. Langstielige Wasserpflanzen, die so schöne Namen haben wie Quirlblättriges Tausendblatt, schwingen in der Strömung. Schilf, Erlen, Weiden und Silberpappeln bilden einen undurchdringlichen grünen Wall an den Ufern.

Bisamratten kreuzen den Wasserlauf und verschwinden in ihren Höhleneingängen. Auf Beeten mit fetter Brunnenkresse äsen Nutrias, die ursprünglich in Südamerika zu Hause waren. Ihre Vorfahren flohen in den 50er Jahren aus Pelztierfarmen. Als der Nutriamantel aus der Mode kam, vernachlässigten die Betreiber die Aufsicht, und die Nutrias fanden hier eine neue Heimat.

Ein anderer Einwanderer ist der schwarze Kormoran, der hier früher nur im Winter Quartier machte. Der fast storchengroße Vogel ist auf der ganzen Rheinstrecke zu sehen. Er fällt auf, weil er seine Schwingen ausbreiten muss, um sein Gefieder zu trocknen. Da er unter Naturschutz steht, hat er sich in den letzten Jahren stark vermehrt, sehr zum Unmut der Fischer. 500 g Fisch schnabuliert der schwarze Vogel täglich. Ein seltener Vogel, der nur kleine Fische zu sich nimmt, ist der 15 cm lange Eisvogel. Er ist auch im Winter auf eisfreies Wasser angewiesen. Das findet er in den Quellgebieten Taubergießens. Bevor der pfeilschnell fliegende Vogel mit dem türkisfarbenen Kopfschmuck zu sehen ist, hört man seinen durchdringenden Pfiff. Es gibt auch eine Fülle geschützter Pflanzen zu sehen, insbesondere auf der Orchideenwiese.

Außer mit dem Boot, kann man auch auf ausgeschilderten Wander- und Radwegen das Gebiet erkunden.

einem Wirtshaus, fast schon am Ortsende, rechts. Der Weg trifft auf einen Altarm und endet bei einem Bootshafen.
Nun geht's links auf unbefestigtem Weg auf oder neben dem Rheindamm entlang. Nach etwa 2 km wird einem scharfen Beobachter auffallen, dass die Bäume an einer Stelle etwas niedriger sind. Hier war der Bauplatz des berüchtigten Atomkraftwerks, der am 18.02.1975 von Atomkraftgegnern besetzt wurde. Damit nahm die deutsche Antiatomkraftbewegung ihren Anfang. Winzer, Bauern und Studenten sangen:

„Jetzt kämpfen wir für uns selber
in Wyhl und Marckolsheim,
wir halten hier gemeinsam
eine andere Wacht am Rhein."

1995 wurde der Auwald unter Naturschutz gestellt, bis auf den eigentlichen Bauplatz, der immer noch dem Betreiber gehört. Mehr dazu kann man bei Familie Bindner in Whyl erfahren.
Ich fahre weiter am Damm, komme an einem Kieswerk vorbei und lande an der Straße zur **Staustufe Marckolsheim**. Hier könnte ich wieder nach la douce France übersetzen. Doch ich fahre weiter auf der Straße nach **Sasbach** auf den oechslereichen Kaiserstuhl.

Kaiserstühler Freuden

In **Sasbach** darf man sich entscheiden, wieviel Kaiserstuhl man möchte. Es gibt einige satte, aber nicht allzu lange Aufstiege in die Weinberge und entsprechende Abfahrten. Besonders die sportlichen, gepäcklosen Kollegen auf Rennrädern oder Mountainbikes, aber auch die Inlineskater schätzen das Gebiet. Man könnte eine kleine Pause in einem schönen Gasthof wie dem von Franz Keller in Oberbergen einlegen, die Johner Weine mit den Heger Weinen vergleichen und den Restalkohol am Berg abstrampeln. Für denjenigen, der weiter will, führt der Weg in mehreren Kurven von Sasbach aus zurück an den Rheindamm. Nach 2 km zweigt ein Weg nach Burkheim ab, vorbei an der Ruine Sponeck. Um auf den schönen Marktplatz von **Burkheim** zu gelangen, muss ich klettern. Doch einige gemütliche Weinstuben und eine schöne Aussicht lohnen den Schweiß.

Kaiserstuhl

Breit ragen die Rebenterrassen des **Kaiserstuhls** *in der Ebene vor dem Hintergrund des Schwarzwalds auf. Das kleine Gebirge entstand im Verlauf der Absenkung des Oberrheingrabens durch vulkanische Aktivität. Während der trockenen Zwischeneiszeiten wehten Westwinde Lehmstaub heran, den „Lös", der den Felsen ummantelte. Der Weinbau begann hier vor 1200 Jahren. Hohe Durchschnittstemperaturen und geringe Niederschläge sind gute Voraussetzungen. Hier gedeihen schöne Grau-, Weiß- und Spätburgunder.*

Vor 30 Jahren wurde im Kaiserstuhl mit einer radikalen Umgestaltung der Landschaft begonnen. Damals wuchs der Wein in vielen kleinen, manchmal nur drei Zeilen breiten Terrassen, die von steilen Hohlwegen durchzogen wurden. Das Lesegut wurde auf Schlitten mit Kufen aus Haselreisern ins Tal gerutscht. In diesem geschützten Gebiet hatte sich eine seltene Tier- und Pflanzenwelt angesammelt. Die **Eichgasse bei Bickensohl,** *einer der letzten Hohlwege, gibt einen Eindruck dieser vergangenen Welt. Ein wirtschaftlicher Weinbau war in der Landschaft nicht mehr möglich. Deshalb begann in den 70er Jahren eine Flurbereinigung von bis dahin nicht gekanntem Ausmaß. Es fehlte nicht an kritischen Stimmen, die vor der Zerstörung des für den Wein so wichtigen Mikroklimas warnten. Doch heute, eine Generation später, geben auch die Kritiker zu, dass der Wein wieder schmeckt. Die besten Weine kommen von Karl H. Johner, Dr. Heger oder Franz Keller.*

Breisach auf dem Berg

Von Burkheim führt ein Weg geradeaus durch die Felder, als Kaiserstuhl-Radwanderweg bezeichnet, nach **Breisach**, dessen Münster auf dem Berg schon von weitem sichtbar ist. In die Stadt komme ich am besten, wenn ich mich bei der Kreuzung am Stadtrand rechts halte, auf der Straße in Rheinnähe zum Hafen fahre und von hier links in den Ortskern abbiege. Zum Münster hoch nehme ich den steilen Weg. Von dem schönen Platz habe ich einen fantastischen Rundblick zu den Vogesen und zum Schwarzwald. Auch ein Blick auf und in das ***St. Stephansmünster*** lohnt sich. Martin Schongauer hat die Kirche mit Fresken vom Jüngsten Gericht ausgestattet. Der Altar ist ein Meisterwerk der Schnitzkunst.

Da der Breisacher Felsen schon ein prähistorischer Siedlungsplatz und seit der Römerzeit eine heiß umkämpfte Festung war, hat das ***Museum für Stadtgeschichte*** viele interessante Stücke zu bieten.

Wer einmal die gigantischen Tanks sehen will, in denen die sintflutartige Menge von 120 Mio. Liter Wein gelagert werden, sollte den ***Badischen Winzerkeller*** besuchen. Jedes Jahr werden hier 30 Mio. Liter Wein erzeugt. Nicht nur einzelne Winzer, sondern ganze Genossenschaften zwischen dem Bodensee und Tauberfranken sind in diesem größten Weinkeller Europas zusammengeschlossen.

Für Ausblickhungrige empfiehlt sich ein kurzer Abstecher auf die Picknick-***Insel im Strom***. Sie erreicht man über die Rheinbrücke nach Neuf-Brisach. Hier sieht man den Breisacher Münsterberg, der sich im Rhein spiegelt, auf dem die Schwäne paddeln. Will man nicht nach Breisach zurückfahren, radelt man weiter nach Colmar **(s. Tour 18)**.

Ausflug

Ausflug nach Freiburg. Das quirlige Freiburg ist etwa 25 km von Breisach entfernt. An den Rhein kehre ich 14 km südlich von Breisach zurück und setze die Tour auf dem rechten Ufer fort.

Breisach verlasse ich am Gutgesellentor am Fuße des Münsters, biege in Neuer Weg ein, der in Zum Kaiserstuhl übergeht. Ich fahre am Badischen Winzerkeller vorbei und überquere die Schienen der historischen Kaiserstuhlbahn. Kurz vor der Einmündung in die Straße nach Ihringen führt ein Landwirtschaftsweg durch die Felder und mündet in den Ausläufern von **Ihringen** in die Straße Am Krebsbach. Links geht es in den

Ausflug

berühmten Weinort, geradeaus über die Straße führt der Radweg neben der Straße nach **Merdingen**. Hier kann ich mich im Gasthof von Erich Keller davon überzeugen, welche Verehrung Jan Ullrich widerfährt. Im Hauptquartier des Fanclubs für den Altmeister schenkt Keller-Erich nicht nur einen Ullrich Weißherbst aus, sondern bläst auch auf der Tuba eine Hymne auf Jan. Von Merdingen heißt es nun auf den Tuniberg klettern. Hier geht's auf dem Höhenweg durch die Reben mit herrlichen Ausblicken auf den Schwarzwald und das Rheintal in südlicher Richtung nach **Opfingen**. Bei der Kirche in der Ortsmitte biege ich in die Freiburger Straße. Auf dem begleitenden Radweg komme ich bald in den Mooswald, überquere die A 5 und erreiche den Freiburger Vorort **Haslach**. Nun geht es auf der nicht gerade verkehrsberuhigten Opfinger Straße ca. 4 km geradeaus bis zur Eschholzstraße, hier links, bis ich bei der Herz-Jesu-Kirche die Fußgängerbrücke erreiche, die mich über die Bahngleise bringt. In ihrer Verlängerung beginnt mit der Bertoldstraße die Fußgängerzone, die auch eine vorbildliche Radfahrerzone ist.

300 Jahre Bauzeit

Zentrum **Freiburgs** ist seit dem Baubeginn vor 800 Jahren das ***Münster***. 300 Jahre dauerte der Bau. Von Ost nach West lassen sich die verschiedenen Stilepochen ablesen. Vom prächtigen gotischen Turm hat man nach 386 Stufen einen herrlichen Blick über das Rheintal und die Stadt. „Regio" nennt sich heute das Dreieck zwischen Straßburg, Basel und Freiburg. Die Menschen erinnern sich an ein altes Zusammengehörigkeitsgefühl, das durch die alemannischen Dialekte und gemeinsame politische, wirtschaftliche und kulturelle Interessen bewirkt wird.

Ausflug

6 Stunden
Marktzeit

Der ***Markt*** auf dem Münsterplatz findet täglich vormittags statt. Auf der Südseite des Münsters, mit dem schönen Renaissanceportal, sind die Stände der Händler aufgebaut, auf der schmuckloseren Nordseite die der Bauern. Da werden Gugumbere und Sunnewirbele und vieles mehr in gutturaler Mundart angeboten. Glücklicherweise sind 25 000 der 200 000 Freiburger Einwohner Studenten, so genannte „Hergeloffene", die mir helfen können, die Einheimischen „Bobbele" zu verstehen, sodass ich sprachlich Gurken und Feldsalat auseinanderhalten kann. Auch der Einkauf von Backwaren verlangt den vorherigen Besuch eines Oberseminars, denn ich muss mich zwischen Weckle, Stangen, Knoten oder Brezeln entscheiden, und das bezieht sich nur auf das Laugengebäck.

Nach so viel marktschreierischer Vielfalt, suche ich die Ruhe im Inneren des Münsters. Die romanischen Querschiffe, die frühgotischen Seitenschiffe und der spätgotische Chor verschmelzen zu feiner Harmonie. Der Raum hat eine passende Ausstattung mit wertvollen Bildwerken und farbigen Fenstern. Herausragend ist der Hochaltar (1512–1516) mit der Marienkrönung von Hans Baldung Grien. Christus und Weltenrichter mit Königskronen setzen Maria die Kaiserkrone auf. Der Meister war 31 Jahre alt, als er das Werk für den gerade erbauten Chor schuf, wo es noch heute an seinem ursprünglichen Standort steht.

Eindrucksvolle mittelalterliche Kunst findet sich auch im ***Augustinermuseum***, darunter das „Schneewunder" Matthias Grünewalds. Um in die Gegenwart zurückzukehren, pausiere ich auf dem Augustinerplatz, der zum Treffpunkt der Freiburger Jugend geworden ist. Ein paar Gassen weiter, auf dem Adelhauser Platz, ist es besinnlicher und sinnlicher. Er scheint der Treffpunkt der Verliebten zu sein.

Eine Attraktion, die mir verwehrt ist, ist die beliebte Damenabteilung des ***Lorettobads***, Deutschlands ältestes Familienbad. Die Besucherinnen schwärmen von der unprätentiösen Ko-Existenz der Dicken, Dünnen, Alten, Jungen, Schwangeren oder Gepiercten und der Sprachsymphonie, die entsteht, wenn frau ungeniert reden kann. Mann darf in der gemischten Abteilung ins Wasser.

Ausflug

Einen Ausflug für alle Geschlechter bietet die ***Schauinslandbahn***. Mit einer tollen Seilbahnfahrt erreicht man in 15 Minuten 1284 m Höhe. Hier gibt es außer Höhenluft und super Aussicht viele sportliche und gastronomische Angebote. Von hier aus peile ich mein nächstes Ziel an: Basel, die Stadt am Rheinknie.

Aus **Freiburg** heraus, fahre ich, wie ich gekommen bin: Über die Fußgängerbrücke beim Bahnhof, links in die Eschholzstraße, rechts in die Opfinger Straße, immer weiter durch den Mooswald, bis ich kurz vor **Opfingen** bei einem Graben den Radweg nach Süden nehme. Die Route führt mich an **Tiengen** und **Munzingen** vorbei, verläuft ein kurzes Stück an der B 31 entlang und schwenkt wieder links ab durch die Felder nach **Hausen**. Ich folge meiner südwestlichen Richtung, überquere am Ortsende wieder die B 31, und kurz danach unterquere ich die A 5. Der nächste Ort heißt **Feldkirch**. Hier führt eine Landstraße geradeaus nach **Bremgarten**, wo am westlichen Ortsrand ein Landwirtschaftsweg zur Autobahnunterquerung und zurück zum Rheindamm führt.

Mich erwartet eine lange, ruhige Fahrt am Fluss. Nach 5 km gibt es eine Abzweigung ins Dorf **Grißheim**, wo eine Kirche mit romanischem Turm und gotischem Chor zu bewundern ist. Zurück am Rhein, radle ich die nächsten 7 km am Rande des Kirchenwaldes, vorbei am Dörfchen **Zienken**, wo sich der Radweg der A 5 nähert. Ich genieße den schönen Blick auf

Isteiner Klotz im 19. Jh.

den Altrheinarm. In **Neuenburg** führt eine Brücke über den Rhein nach Chalampe und Bantzenheim im Elsass. Hier kann ich die bemerkenswerte Kirche von Ottmarsheim besuchen **(s. Tour 18).**

Richtung Basel geht es unter der Brücke der B 378 und der Eisenbahnlinie weiter am Rhein. Die nächsten 5 km sind rein kontemplatives Radeln. Dann rauscht eine Autobahn über den Rhein und ich drunterweg. Jetzt sind es noch 5 km bis **Bad Bellingen**, einem kleinen Kurort mit Kurpark. Ich erhole mich beim Radeln und weiter geht es nach **Rheinweiler**. 6 km entfernt liegt der Isteiner Klotz. Er ist auf einem Gemälde von Peter Birmann abgebildet, das in Basel in der Öffentlichen Kunstsammlung hängt. Hier sieht man, wie herrlich diese Landschaft zu Anfang des 19. Jh. ausgesehen hat. Heute ist der gelbliche Kalkfelsen jenseits der Autobahn zwischen Grünberg und Istein überwachsen. Nichts erinnert mehr an den romantischen Blickpunkt.

Nur im Wasser sind Reste der ungezähmten Natur zu sehen, die ***Isteiner Schwellen***. Sie bildeten vor dem Bau des Grand Canal d'Alsace ein ebenso gefährliches Schifffahrtshindernis wie das Binger Loch.

Der Weg am Ufer führt an den Ortsrand von **Märkt**. Hier kann ich auf dem Stauwehr auf die künstliche Insel im Strom fahren und mir anschauen, wie der Grand Canal d'Alsace abgeleitet wird. Der Radweg kreuzt nun bei einem Klärwerk die Straße und führt zu einer Bahnlinie und der Palmrainbrücke, die ich unterquere. Nun bin ich im Hafenbezirk von **Weil am Rhein** und fahre auf der Alte Straße bis zur Riedlistraße rechts. An der Kreuzung Hauptstraße, bei der Hausnummer 374, hängt ein 4 m hoher ***Designerstuhl*** an der Hauswand. Er gehört zu einer Dauerausstellung von Großstühlen in der gesamten Stadt. Der nächste große Stuhl steht ein paar Straßen weiter am Hüninger Platz. Es handelt sich um den 6 m hohen Nagasaki. Alle Stuhloriginale und viele andere Interessante Gegenstände befinden sich im ***Vitra Design Museum***. Will man ein oder zwei Tage in Basel verbringen, aber die Reisekasse schonen, sucht man sich in Weil eine Übernachtung. Seit langem ist das Dreiländereck, nach einem alemannischen Gedicht auch „Schnakenloch" genannt, ein Land der Grenzgänger und Pendler. Wer schnell nach Basel will, fährt in Friedlingen von der Riedlistraße geradeaus in die Grenzstraße, biegt bei Obere Schanzstraße rechts ab und landet schließlich beim Friedlinger Zoll am Hafen. Hier beginnt die Schweiz mit **Kleinhüningen**, einem Stadtteil von **Basel**.

Megastuhl

Richtung Türkheim
Colmar
Widensolen
N415
A35
Sundhofen
Ihringen
Gottenhei
Breisach
Merdingen
Richtung Freiburg
Herrlis-
heim
Neuf-Brisach
Vogelsheim
Opfingen
Weckolsheim
Niederbergheim
Munzingen
Dessenheim
Heiteren
A5
Rouffach
Bilzheim
Nambsheim
Rhein
Feldkirch
B3
Bremgarten
Bad Krotzing
Hirtzfeld
Fessenheim
FRANKREICH
Régulsheim
Staufe
im Breisga
Grißheim
Heitersheim
Munchhouse
Ensisheim
A5
Zienken
A35
Bantzenheim
Müllheim
Wittenheim
Neuenburg
Badenweile
Ottmarsheim
Auggen
Blauen
B3
Mulhouse
Eggenen
Bad
Bellingen
Rixheim
Feuerbach
Habsheim
Zimmersheim
Kandern
Rheinweiler
A5
Bruebach
Blansingen
D432
Wittlingen
Steinbrunn
Sierentz
Rötteln
Obermorschwiller
A98
Stetten
A35
Lörrach
FRANKREICH
Bâle-Mulhouse
Huningue
Weil
Hausgauen
St. Louis
D419
Grenzac
Wyhlen
0
6 km
Hegenheim
Münster
Alschwill
Basel
A5
Roppentzwiller
SCHWEIZ

Tour 18

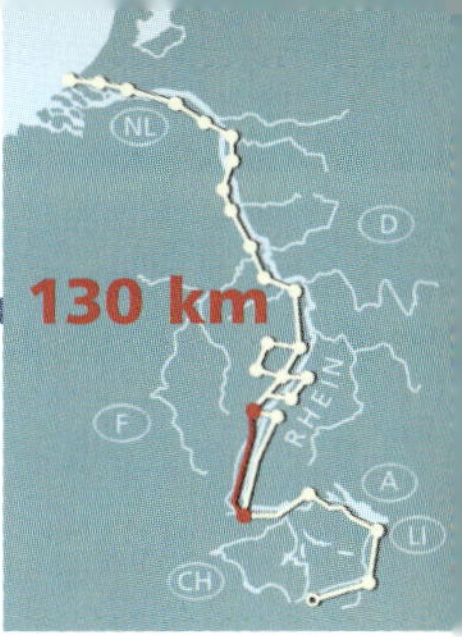

Augenfutter und Gaumenschmaus

Linksrheinisch von Straßburg nach Basel

18 A) Am Rhein-Rhône-Kanal

Straßburg verlasse ich über die Pont St. Nicolas, über die die Straßenbahn fährt, fahre rechts bis zum Place Henry Dunant, biege links in die rue de Cigne, die sich in die rue Humann verlängert. Hier überquere ich einen Hafenarm, halte mich rechts am Ufer, unterquere einen Autobahnzubringer und bin am Rhein-Rhône-Kanal (Canal du Rhône au Rhin). Nun geht es zunächst am östlichen Ufer, nach der nächsten Autobahnbrücke am westlichen Ufer, schnurgerade autofrei bis zu den Abzweigungen **Boofzheim** und **Rhinau**.

18 B) Am Rhein entlang

Ich verlasse **Straßburg** über die Pont St. Nicolas, folge der Straßenbahn bis zum Place Pierre Mendès France und biege in die Route du Polygone, die erst in die Route de Neuhof und dann Route d'Altenheim übergeht. Im Stadtteil **Neuhof** zeigt Straßburg mit heruntergekommenen Wohnblocks ein herberes Gesicht. Ich bleibe in Fahrtrichtung und komme am Waldrand auf die Route de l'Oberjägerhof, die zum Ausflugslokal „Oberjägerhof" führt. Ich fahre weiter durch den Wald, der Sturmschäden aufweist, überquere eine Landstraße und erreiche den Rheindamm.

Der Rhein weitet sich hier zum Bassin de compensation de Plobsheim, den die Segler erobert haben. Ich fahre auf der Straße am Damm entlang. Auf der Strecke liegen zwei Seglerlokale. Der Weg führt weiter auf dem Damm am Wasser entlang. Sollte er zu aufgeweicht sein, kann man auch auf der Landstraße den nächsten Ort **Krafft** erreichen.

Canal d'Alsace

Nun fahre ich Richtung Gerstheim, biege nach 1 km links zur **Staustufe Gerstheim** ab. Hier gibt es die Möglichkeit, auf einem Rad- und Fußweg den Rhein zu überqueren. Nach einem Kreisverkehr führt meine Route zum Rheindamm. An ihm erreiche ich nach 10 km Fahrt die Fähre Rhinau.

(Über die Alternative auf dem rechten Ufer weiterzufahren, informiert Tour 17.)

Hier führt der Weg auf dem linken Ufer ähnlich wie bisher auf der Straße neben dem Rheindamm, weiter nach **Marckolsheim**. Dort besteht die nächste Möglichkeit, den Rhein zu überqueren und im Kaiserstuhl weiterzufahren. Bleibt man in Frankreich, geht's auf der bequem fahrbaren Straße 18 km entlang, bis zu der Kreuzung, die links nach Breisach und rechts nach Neuf-Brisach führt. In **Biesheim**, 3 km vor der Kreuzung, lohnt sich ein Stopp für ein ***Museum*** mit einer Ausstellung von 300 optischen Geräten.

Tempostrecke

Marschall Vauban

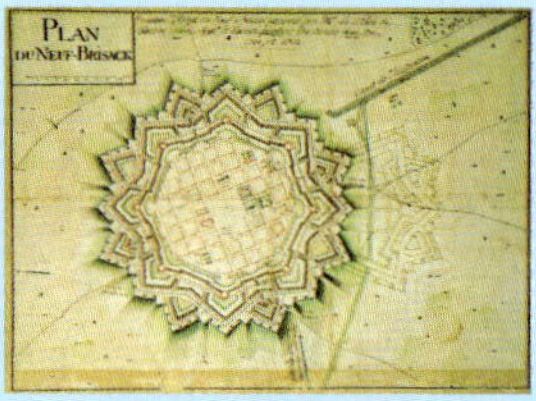

Sebastian le Prestre de Vauban erbaute auf Anordnung des „Sonnenkönigs" Ludwig XIV. ab 1698 die Festungsstadt Neuf-Brisach. Ihre militärische Notwendigkeit ergab sich nach der französischen Eroberung des Süd-Elsass'. Sie sei der schönste Stern seiner Diamanten, lobte der König das Ergebnis. Alles in dieser sternförmigen Stadt diente militärischen Zwecken, einschließlich der Kirche. Vauban begann seine Karriere als spanischer Kriegsgefangener. Er wurde gezwungen, für die französische Armee eine von ihm gebaute Festung einzunehmen. Damit erwarb er sich die Gunst Ludwig des XIV. und durfte fortan im Krieg Festungen zerstören und im Frieden bauen. Als sanftmütig und bescheiden charakterisiert, erfand er auch das Bajonett und das Steinschlossgewehr, schrieb Bücher zur Ökonomie und allgemeinen Wehrpflicht. Des Königs Gunst verlor er durch eine statistische Schrift 1705, in der er nach Meinung seiner Majestät die Größe und Bevölkerungszahl der Grande Nation zu niedrig einstufte. In Wirklichkeit war sie noch geringer als Vaubans Schätzung. 1707 starb der Marschall. Bis 1871 blieb Neuf-Brisach uneingenommen. Dann musste sich die Festung nach achttägigem Beschuss den Deutschen ergeben.

Hinter ***Neuf-Brisach*** fahre ich rechts auf der Straße nördlich von ***Volgelsheim***, komme an einen Kanal, halte mich rechts, bis ich bei der nächsten Abzweigung den Kanal überqueren kann und in die Festung einreite. Die rue de Strasbourg führt ins Zentrum der Festung, dem ehemaligen Exerzierplatz Place d'Armes. Das Städtchen ist um den ehemaligen Paradeplatz schachbrettförmig angelegt. Bei einer Fahrt zwischen den Mauern des Befestigungsrings lässt sich der Wahnsinn der barocken Kriege spüren. Im Belforter Tor befindet sich das **Musée Vauban – Musée d'Histoire militaire.**

Schön ordentlich

Ausflug

Ausflug nach Colmar. Nach so viel Disziplin gönne ich mir einen Ausflug ins 20 km entfernte Colmar mit seiner anheimelnden Altstadt und dem tiefgründigen Isenheimer Altar. Dann folge ich meiner Passion auf einer Extratour in die atmosphärereichen Weindörfer am Vogesenrand. Auf der rue de Colmar verlasse ich die Festung, überquere den Kanal und die Umgehungsstraße und komme nach **Wolfgantzen**. Am Ortsende führt die linke Straße nach **Appenwihr** durch einen lichten Mischwald. Ich komme nun auf einen Kreisverkehr, den ich Richtung Sundhoffen verlasse. Am Ortsausgang von **Sundhoffen** fahre ich rechts, überquere die Bahn und biege nach ca. 300 m links in den Wald Bois de Colmar ab. Am Ende des Waldes überquere ich die Autobahn, komme auf der rue Silberunz in den Colmarer Außenbezirk Semm. Ich treffe auf die rue de la Semm, die in die breite rue Turenne übergeht, an deren Ende ich rechts, über die rue St. Jean, in die charmante Altstadt Colmars komme.

Colmar ist die intimere Version Straßburgs. Viele Sehenswürdigkeiten liegen im Umkreis der ***Stiftskirche Collégiale St. Martin*** am Place de la Cathédrale. Besonders sehenswert sind das ***Pfisterhaus*** oder das berühmte ***Kopfhaus*** mit 106 steinernen Kopfmasken. Auf dem Flüsschen Lauch kann man auf Kähnen durch das Gerberviertel fahren. Abfahrt ist an der Pont St.-Pierre. Interessant ist auch ein Besuch im Park ***Champ de Mars***. Dort steht ein Brunnen mit vier Figuren von Auguste Bartholdi, dem Schöpfer der New Yorker Freiheitsstatue, der in Colmar ge-

Madonnen in Colmar

Ausflug

boren ist. Ihm ist ein ganzes Museum in der 30, rue des Marchands gewidmet.

Viele Besucher zieht es zur ***Église des Dominicains***, um das Tafelbild „Maria im Rosenhag" von Martin Schongauer zu sehen. Ganz in der Nähe, in der 4, rue Unterlinden, befindet sich auch das Office du Tourisme, wo man einen Stadtführer bekommt, ohne den man an vielen interessanten Punkten vorbeilaufen würde.

Ein Grund, immer wieder nach Colmar zurückzukehren, ist für mich das ***Museum d'Unterlinden*** mit seinem „Isenheimer Altar". Viele kennen die Bilder des erschöpften Gekreuzigten, auf den Johannes mit überlangem Finger zeigt, des glücklich Auferstehenden in der Sonnenglut, des heiteren Kindes in den Armen der glücklichen Mutter. Der Altar wurde 1515 in einem Antoniterkloster im nahegelegenen Isenheim errichtet, um Kranke auf den Weg der Heilung zu bringen. Abt Guersi glaubte an die Kunst als Therapiemittel und ließ sich im blauen Mantel als hl. Antonius beim Besuch des hl. Paulus auf eine Tafel des Altars malen. Eine Tafel neben ihm lächelt Antonius über den Besuch einer üblen Dämonenbande. Links unten im Bild sieht ein mit Ausschlag übersäter Kranker, dem der Altar helfen soll, dem üblen Treiben halb ohnmächtig zu.

In der unteren Mitte der Weihnachtsansicht stehen prominent vorne ein Waschzuber und ein Nachttopf, profane Geräte zur Wasseraufnahme. Auf der Kreuzigungsansicht, zweimal Johannes, der „Liebling" und der „Wassertäufer", der mit langem Finger zeigt und sagt: „Ich muss kleiner werden." Damit Raum wird für das heilende Wasser des Lebens.

Ausschnitte: Isenheimer Altar

Kunst der Heilung

Ausflug

Abstecher nach Turckheim und Kaysersberg. In Colmar gibt es sicherlich eine ausreichende Menge guter Weine zu trinken, doch für etwas Besonderes mache ich schon mal eine Anstrengung und fahre ins 6 km entfernte **Turckheim**. Der Weg ist ausgeschildert und führt über den Vorort Logelbach auf der D 11 zum Ziel: Der ***Domaine Zind-Humbrecht***, die an der rue de Colmar kurz vor der Ortseinfahrt liegt. Bevor ich allerdings in den Genuss der edlen Tropfen komme, muss ich mich zur Degustation angemeldet haben, sonst bleiben die Keller verschlossen. Ich betrete ein modernes Gebäude vom zweckmäßigen Charme einer Turnhalle. Léonard Humbrechts Kunst ist es, Wein zu machen.

Kunst des Geschmacks

Die Familie Zind-Humbrecht lebt seit Generationen im Elsass, aber vor über 40 Jahren wollte der damals 20-jährige Léonard auswandern und begann den Kaffeeanbau zu studieren. Bei seinem Abschiedsfest verliebte er sich jedoch in eine Frau aus dem Nachbardorf. Deren Vater verbot seiner Tochter nach Afrika zu gehen. Also besann sich Léonard auf heimische Früchte und studierte ein zweites Mal: den Weinbau. Zu jener Zeit herrschte auch im Elsass der Massenanbau vor, und viele schwer zugängliche Weinberge lagen brach. Monsieur Humbrecht prüfte alte Aufzeichnungen und begann diese Lagen zu kaufen. Heute besitzt er viele ha Grand Cru-Lagen. Er verfeinerte auch die Kellerarbeit. In seinem modernen Keller fließen der Most und der Wein ohne Pumpen nur durch die Schwerkraft. Eine eigene Quelle erlaubt ihm den großzügigen Umgang mit Wasser zur Reinigung der Fässer, was wiederum geringen Schwefeleinsatz nach sich zieht. „Qualität ist eine Kette aus vielen Einheiten", sagt der weißhaarige, blauäugige Mann mit der Statur Jean Gabins. „Fehlt eine, ist die Kette kaputt." Weine aus der Domaine Zind-Humbrecht sind flüssiges Gold und leider auch fast so teuer. Wenn man den Aufwand sieht, versteht man den Preis. „Wir werden bestimmt wieder dahin kommen, dass wir weniger essen und trinken, aber dafür besser", sagt Léonard Humbrecht.

Ausflug

Femininer Wein

Von **Turckheim** fahre ich schweißtreibende 7 km über **Katzenthal** und **Ammerschwihr** nach **Kaysersberg**. Mein Ziel ist die ***Domaine Weinbach*** der Damen Faller. Ich habe mich angemeldet und werde in die große alte Küche an den sehr langen Mittagstisch gebeten. Dort sitzen Arbeiter, Journalisten, Weinhändler mit Mme. Colette Faller und ihren Töchtern Cathérine und Laurence. Das Choux Croute dampft auf den Tellern, und in Strömen fließt der spritzige Riesling des Hauses. Nach dem Tod ihres Mannes vor vielen Jahren führte Colette Faller die Domaine weiter. Heute ist Laurence die Kellermeisterin, Cathérine macht das Management, die Mutter schwebt über allem, und alle drei einigen sich bei der gemeinsamen Degustation.

„Kann ein Wein feminin schmecken?", frage ich. Madame schmunzelt: „Wir legen Wert auf Finesse, Balance und eleganten Körper." In der Degustationsstube erklärt sie mir, wie ich einem Wein näher komme: „Zuerst muss man den Rock anschauen, ob er auch schön glänzend ist. Dann kommt die Nase, die einem das Gewächs verrät. Und dann muss man ihn auf der Zunge tanzen lassen, damit sich die Papillen im Gaumen schön füllen können, bevor man schluckt. So kann der Wein alles zeigen, was in ihm steckt."

Mit dem langen Abgang des Gewürztraminers im Gaumen radle ich durch Kaysersberg, einem Städtchen mit Fachwerkhäusern wie aus dem Märchenbuch. Abseits des touristischen Hauptstroms finden sich immer Tages- und Jahreszeiten sowie Winkel, in denen man den Ort genießen kann. Ein Blick in das ***Musée Albert Schweitzer*** versetzt mich nach Afrika, wo der Sohn der Stadt als „Urwalddoktor" weltberühmt wurde.

Lebendige Vergangenheit

Zum Rhein fahre ich über **Colmar** zurück bis **Neuf-Brisach**.

Vom Place d'Armes geht's südöstlich aus der Festung heraus und über den Canal du Rhône au Rhin. Danach biege ich gleich rechts ab, halte mich am Kanal und überquere die N 415. Links liegt ein größerer See. Nach 500 m beginnt der Canal de la Hardt. Links von ihm radle ich 10 km schnurgerade Richtung Süden. Wer direkt am Rhein fahren

möchte, biegt auf der N 415 nach Süden ab und kann dann parallel zur D 52 am Rhein entlang fahren. Am Ende des lauschigen Hardtwaldes kreuzt die D 13, in die ich links einbiege und mich immer links halte, bis ich das Örtchen **Balgau** erreiche. An der Kirche fahre ich rechts und geradeaus durch **Fessenheim**. Hier kaufe ich im „Super U" ein leckeres Stück Fischpastete. Auf dem Parkplatz filme ich einen Mann mit Vollbart und wasserblauen Augen, Adrien Vonarb. Er erinnert mich an die Büste des Rheins am Neie Fischmarkt in Straßburg. Es stellt sich heraus, dass er Fischer ist und seine Frau meine Pastete gebacken hat. Vonarb war Musiker und war oft am Rhein. „Da hab ich viele Stücke geschrieben. Und geangelt." Vor 10 Jahren entschloss er sich, professionell zu fischen. Einfach so, ohne Tradition und Lehre. „Zwischen der Musik und dem Fischen gibt es etwas Gemeinsames: die Freiheit." Sommers wie winters ist Adrien Vonarb fast jeden Tag auf dem Restrhein und dem Kanal. Seine Netze haben besonders große Maschen. Das fördert den Nachwuchs. „Wenn man die Natur respektiert, gibt sie zurück." 37 Arten Fische holt er aus dem Wasser. Die Nachfrage ist groß. Adrien Vonarb beliefert das berühmte Feinschmeckerlokal „Illhaeuser Hof". Doch Edelfische gibt es für ihn nicht. „Bei uns ist ein Fisch ein Fisch." Jeder Fisch schmeckt. Am liebsten isst er ihn mit den Fingern, genau wie Geflügel. Seine einzige Konkurrenz sind die Vögel, vor allem die Kormorane. Adrien lacht: „Was heute nicht gefangen wurde, ist immer noch drin." Genug für viele Pasteten, und die kann man unter Tel. 0033-389-486 271 bestellen.

Der musikalische Fischer

An Ende **Fessenheims** beginnt die D 468. Auf ihr radle ich 3 km bis **Blodelsheim**. Von hier aus besteht wieder die Möglichkeit, nach links zur D 52 rüber- und am Rhein entlang zu fahren.

Aber ich ziehe die Route durch den Fôret Domaniale de la Hardt vor. In **Blodelsheim** fahre ich an der D 468 auf einem Radweg 4 km nach **Rumersheim**. Dort kreuzt die D 47, und ich biege auf ihr nach rechts ab. Nach ca. 2 km kommt links ein Forstweg Richtung Grunhutte. Nun geht es insgesamt 26 km nur durch den Wald bis nach Kembs. Das ist erholsam, beschaulich und gut für ein Picknick. Ich erreiche die Kreuzung am Forsthaus **Grunhutte**, überquere umsichtig die D 39 und kurz darauf Bahngleise.

Ausflug

Ein Abstecher zur Abteikirche von Ottmarsheim. Ich fahre hier links und erreiche nach 5 km das Dorf. Die Abteikirche ist ein verkleinerter Nachbau des achteckigen Aachener Doms. 1039 wurde sie von dem aus dem Elsass stammenden Papst Leo IX. geweiht. Vieles aus ihrer Geschichte und Bestimmung bleibt im Dunkeln. Die Reinheit des Stils, die Klarheit der Formen und die sanften Abweichungen von der Strenge der Maße sind bewundernswert.

Miniatur des Aachener Domes

Die Fortsetzung der Route nach **Basel** am Rheinufer auf der D 52 nach **Kembs** ist möglich, es sind hier allerdings viele Trucks unterwegs. Entscheidet man sich in **Grunhutte**, weiter nach Basel zu fahren, fährt man rechts, bald wieder links, überquert eine Autobahnbrücke und landet an einer Brücke der D 108, auf der man den Rhein-Rhône-Kanal überquert.

Ausflug

Abstecher nach Mulhouse. Die D 108 führt in den Vorort **Rixheim**. Die rue de Mulhouse (N 66) geht über in die rue de Bâle und führt über den Rhein-Rhône-Kanal ins Zentrum. Wenn man diese Strecke zu laut findet, fährt man vom Zentrum Rixheims nach **Riedisheim**, am Gare Ville über eine der Brücken über den Kanal und ist im Herzen von Mulhouse. Ganz in der Nähe ist die Touristeninformation in der 9, av. Foch. Mulhouse ist eine quirlige, jugendliche Stadt, deren Geschichte vor über 1000 Jahren mit einer Mühle an der Ill anfing. Mit rund 115 000 Einwohnern ist sie die zweitgrößte Stadt des Elsass' und das bedeutendsten Industriezentrum der Region.

Am Place de l'Europe lande ich vor dem 100 m hohen ***Tour de l'Europe,*** der den maroden Charme eines DDR-Plattenbaus verströmt: typisch 70er Jahre. Der Platz ist mit Marmorplatten ausgelegt, die die Wappen europäischer Städte zeigen. An der Porte de Jeune schließe ich mein Fahrrad an, denn hier beginnt eine Fußgängerzone. Es ist schön in einem Café zu sitzen und dem bunten, kosmopolitischen Treiben zuzusehen. Die Industrie hat Menschen aus vielen Nationen nach Mulhouse gelockt. Danach geht es weiter durch die rue du Sauvage und rechts zum ***Temple St. Étienne***. Evangelisch wie die Stadt, ist auch die Kirche: ein neogotischer Bau von 1866 an der Place de la Réunion. Im Innenraum sehe ich

Ausflug

mir die bunten Glasfenster an, eine Kostbarkeit aus dem 14. Jh. Darin sind alt- und neutestamentarische Themen der Heilsgeschichte gegenübergestellt.

Meine nächste Station ist das nicht weit entfernte ***Musée des Beaux Arts***, an der Place Guillaume Tell. Hier werden neben Gemälden aus dem Elsass und Holland auch Bilder der Fauvisten gezeigt. Ihnen hätte gefallen, dass hier ebenfalls das ***Feuerwehrmuseum*** untergebracht ist. Und natürlich lasse ich mir das Museum nicht entgehen, das den Stoff zeigt, aus dem Mulhouse' Ruhm gewebt ist. In der rue des Bonnes-Gens befindet sich das ***Musée de l'Impression sur Étoffes***. 6 Mio. Ausstattungsstücke erweitern meinen bisher schmalen Horizont über die Entwicklung des Stoffdrucks. Ich schlendere über den Place de la République weiter durch die Poincare und lande vor dem ***Parc Zoologique et Botanique*** im südlich gelegenen Viertel Rebbeg. Hier lasse ich mich von Affen, Giraffen und Elefanten bestaunen.

Mir stellt sich nun die Frage: Fahrrad oder Auto? Ich entscheide mich für das Auto, laufe zurück zu meinem Fahrrad und fahre zum ***Musée National de l'Automobile*** in der rue de Colmar. Mit Genugtuung denke ich an die ganzen Staus, in denen ich nicht gestanden habe.

Dauer-parker

Bleibe ich an der Kanalbrücke im Wald auf meiner Route nach **Basel**, folge ich dem Gewässer in östlicher Richtung und höre 9 km lang nichts als Vogelgezwitscher und Waldesrauschen, bis ich das Ende des Kanals erreiche. Kurz vor **Kembs** fahre ich links über eine Schleusen-Brücke, danach biege ich rechts ab, unterquere die D 468 und radle rechts wieder auf dem Radweg. In Kembs überquere ich nach rechts den Kanal und fahre an ihm 6 km entlang bis nach **Rosenau**. Nur wenige Kilometer entfernt starten und landen die Flugzeuge des „Euro-Airports Basel-Mulhouse-Freiburg". Trotzdem blieb in dieser hochindustrialisierten Zone das kleine Biotop „Petit Camargue Alsacienne" erhalten, für das ich wieder die Kanalseite wechseln muss. Nach 2 km führt mich eine Brücke wieder auf die westliche Seite des Kanals. In 5 km erreiche ich das Städtchen **Huningue** und hier fließt auch der Kanal in den Rhein. Auf der av. de Bâlé überquere ich kaum merklich die Schweizer Grenze und bin in **Basel**.

Hochrhein und Bodensee

Zwischen Basel und Bodensee weicht der Rhein von seiner ursprünglichen Nordrichtung ab und fließt von Ost nach West. Der Flusslauf ist nun wieder ganz natürlich und windet sich in kleinen Biegungen durch die sanften Hügel der Ausläufer des Hotzenwaldes und des Jura. Aber auch hier darf der Strom nicht ungenutzt fließen, denn er soll welchen produzieren. 11 Wasserkraftwerke speist der Hochrhein und kühlt dazu ein AKW. Es ist reizvoll, auf der Tour die Ufer zu wechseln und die kleinen feinen Unterschiede zwischen der Schweiz und Deutschland zu spüren. Viele alte Städte liegen an beiden Ufern und zahlreiche Brücken verbinden die Menschen, die trotz EU-Grenze ihre gemeinsame Kultur pflegen. Höhepunkt der Tour ist für mich der Rheinfall von Schaffhausen. Die donnernden Wassermassen sind unvergesslich.

Müllheim
Badenweiler
Auggen
Marzell
Schliengen
Bad Bellingen
Kandern
Todtnau
Schönau
Todtmoos
Zell
Hausen
Schluchsee
Schluchsee
Bonndorf
Blumberg
Sankt Blasien
Grafenhausen
Stühlingen
Höchen-schwand
SCHWEIZ
Schaffhausen
Festung Munot
314
Neunkirch
Neuhausen
Rheinfall
Schloss Laufen
Jestetten
Rhein-au
Lottstetten
Rafz
Wil
Herrischried
Steinen
Schopfheim
Binzen
A98
B317
Maulburg
Wehr
Lörrach
Wutöschingen
Tiengen
Wutach
B34
Waldshut
Weil
Schwör-stadt
Rickenbach
Albbruck
Klein-basel
Riehen
Rhein-felden
B34
Hauenstein
Koblenz
Rheinheim
Hüntwangen
Münster
Kaiser-augst
Bad Säckingen
Laufenburg
Rhina
B34
Rhein
Klingnau
Zurzach
Hohentengen
Basel
Reckingen
Kaiserstuhl
A3
Murg
Laufenburg
Glattfelden
Muttenz
Pratteln
Würenlingen
Aare
A2
SCHWEIZ
Frick
A3
SCHWEIZ
Bülach
Arlesheim
Brugg
Liestal
Baden
A51
Gelterkirchen
Windisch
Sissach
Wettingen
0
6 km

Tour 19

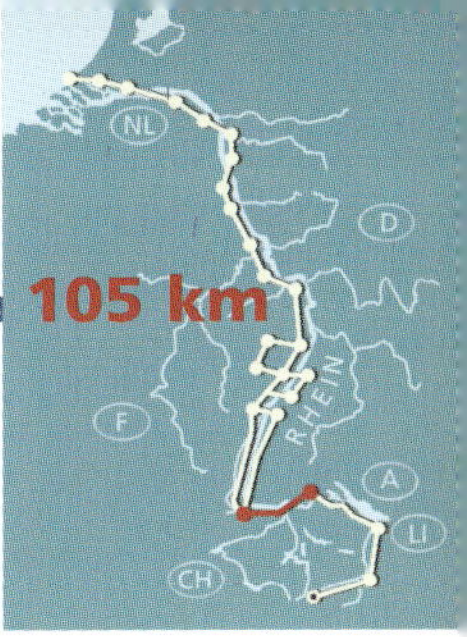

Energiestrom

Von Basel nach Schaffhausen

Ich beginne meine Einfahrt nach **Basel** am Friedlinger Zoll im Stadtteil Kleinhüningen. Auf der Nordspitze der Hafenanlage steht das ***Denkmal des Dreiländerecks***, das wie ein zusammengefalteter Regenschirm aussieht. Um es zu besichtigen, fahre ich auf die Hafenstraße und biege rechts in die Westquaistraße ab. Hier befindet sich auch der Siloturm der Schweizerischen Reederei AG. Von dessen Aussichtsplattform hat man eine tolle Rundsicht auf das Rheinknie. Hinter dem Hafenbecken beginnt die Uferstraße, auf der ich das Rheinknie umrunde. Ich unterquere die Dreirosenbrücke. 200 m weiter fällt mir ein Boot auf, das den Rhein überquert und wie ein schwimmender Zirkuswagen aussieht. Es ist eine der vier historische ***Seilfähren***. Durch Schrägstellen des Ruders bewegt die Strömung das Boot.

In Basel sollte man sich Zeit nehmen für das ***Kunstmuseum***, mit der größten Sammlung alter Meister in der Schweiz. Die ***Kunsthalle Basel*** zeigt wichtige Wechselausstellungen zeitgenössischer Kunst. Der Liebhaber der klassischen Moderne muss einen Ausflug zur ***Fondation Beyeler*** im schönen Stadtteil Riehen machen. Eine Spazierfahrt durch die alten Gassen der Stadt auf dem linken Ufer führt mich zum ***Basler Münster***, einem harmonischen, roten Sandsteinbau. In ihm ist Erasmus von Rotterdam begraben. Am Rheinufer fallen mir mitten unter zivil gekleideten Passanten, Menschen in Badehose auf. Sie hangeln sich an Ketten an der glitschigen Uferböschung hoch und klettern ganz selbstverständlich aus dem Rhein an Land. Andere stürzen sich ohne Zaudern in die grünen Fluten des Rheins. „Ist das nicht gefährlich?" „Nein", antwortet mir der Autor John von Düffel, „wenn man sich mit

Der „Bach" von Basel

der Strömung treiben lässt, ist es eine sehr erholsame Form der Bewegung, das so genannte Passivschwimmen." John ermutigt mich, mit ihm ins Wasser zu gehen. Mit wenigen Zügen sind wir in der Mitte des Stroms und werden von den glucksenden Wellen gewiegt. Die kräftige Strömung wird mir erst bewusst, als ein Brückenpfeiler vorbeischießt. Mir ist mulmig. „Wenn man sich dem Wasser anvertraut, kann gar nichts passieren", beruhigt mich John. „Man wird von der großen Brust des Vater Rhein getragen, einer Kraft, die größer ist als man selbst." Ich frage, ob Wasser nicht ein weibliches Element sei. „Wasser wandelt sich ständig, auch sein Geschlecht. Hier in Basel hat der Rhein eine Spritzigkeit, eine Verliebtheit, er könnte eine Frau sein", lacht John. Hinter der Klingentalfähre steuere ich mit John das Ufer an. Im Hintergrund rauchen die Schlote der Chemiewerke im Rheinknie, und dort hat die Wasserqualität, trotz aller Beteuerungen der Konzerne, vielleicht keine Badequalität mehr. Am Ufer spüre ich den Sog des Wassers. Und auf dem Uferweg heißt es, höllisch aufpassen, denn er ist voller Glasscherben. Doch das mindert nicht mein Glücksgefühl, im Rhein getrieben zu haben.

Wassermassen

Eine Potenzierung des Erlebnisses ist das große ***„Rhyschwimme"***, veranstaltet von der Schweizerischen Lebensrettungsgesellschaft. An einem bestimmten Dienstag, Mitte August, treiben Tausende von Baslern gemeinsam im „Bach", wie der Rhein hier liebevoll genannt wird.

Wasserfreuden

Rhenus und Venus

Ich verlasse **Basel** bei der Wettersteinbrücke. Der Weg ist gut ausgeschildert mit den rotbraunen Schildern und der Ziffer 2. Hinter der Eisenbahn- und Schnellstraßenbrücke fahre ich rechts, komme in die Birsstraße. Nach der Unterquerung der Autobahn geht es bei den Straßenbahnschienen rechts und bei der nächsten Straße links. Die Strecke führt geradeaus durch ein Sportplatzgelände und noch einmal unter der Autobahn hindurch. Ich fahre an einer Siedlung vorbei, biege links ab und überquere auf einer Holzbrücke einen Bach. Der Weg bringt mich über die Autobahn. Nun folgt eine nette Abfahrt in ein Kleingartengelände. Das Geläut der ersten braunen Kuh lässt mich wissen, dass ich in der Schweiz bin, und zwar in **Muttenz**. Am Ende des Pfaffenmattwegs fädle ich mich bei der Kirche in die Breite Straße ein. Ich durchquere **Pratteln** am südlichen Ortsrand. Auf der Liestaler Straße und dem Mühleweg geht es aus dem Ort heraus. Hinter der Kantonstraße 2 führt ein Weg bergab, unter der Autobahn durch, nach **Kaiseraugst** hinein.

Kaiseraugst hieß vor 2 000 Jahren Augusta Raurica und war eine bedeutende ***Römersiedlung***. Seit dem 16. Jh. werden hier Ausgrabungen durchgeführt, bei denen als Prunkstück ein 68-teiliges silbernes Tafelservice gefunden wurde. Es ist im ***Römermuseum*** ausgestellt, ebenso wie der Nachbau einer römischen Villa. Gern hätte ich die Badewanne mit fließend heißem und kaltem Wasser ausprobiert. Auf der anderen Seite des Rheins froren zu jener Zeit die Alemannen. Im 3. Jh. eroberten sie Augusta Raurica, und es hat lange gedauert, bis es wieder Wasserhähne gab.

Römischer Wasserhahn

An der Kantonsstraße 3 führt die Route ostwärts an bewaldeten Steilufern entlang nach **Rheinfelden**. Rheinfelden ist die älteste Stadt des Aargaus. Als 1821 Österreich seine linksrheinischen Gebiete an Frankreich abtrat, wurde nach 800 Jahren Stadtgeschichte der Ort geteilt. Trotz Zollstellen an beiden Enden der Rheinbrücke, ist von Grenze wenig zu spüren. Die Autos werden durchgewinkt und die Einheimischen, den Zöllnern wohlbekannt, kaufen hüben wie drüben ein. Rhein-

felden ist der letzte Hafen der Rheinschifffahrt. Viele Kreuzfahrten enden hier. Es gibt ein Solebadzentrum, in dem man im 35 Grad warmen Wasser die strapazierten Muskeln und Gelenke lockern kann. Danach ist man fit für einen Bummel über den Hügel der ***Altstadt***. Wer Durst hat, besucht die Feldschlösschen-Brauerei. Sehenswert ist die ***Brauhalle*** im Art Deco-Stil.

Ich setze die Tour auf dem Nordufer auf einem angenehmen Uferweg an einem Kraft- und Aluminiumwerk vorbei zum Torbau des ***Schloss' Beuggen*** fort, kreuze die Bahnlinie und fahre parallel zur B 34 nach **Riedmatt**. Nach dem Ort überquert die Route die Bundesstraße und biegt nach 1 km wieder rechts ab, kreuzt bei einem Kraftwerk die Bahnlinie und folgt den Schienen bis **Schwörstadt**. Nach dem Schwimmbad geht es links in den Ort, weiter 1 km auf der Bundesstraße, bis die Route wieder unter der Bahn hindurchführt. Ich folge den Gleisen, überquere die Wehramündung und komme nach 2 km nach **Wallbach**, bleibe auf der Strecke neben der Bahn.

Die alte Lachsroute

Bei einem Industriepark biege ich rechts zum Rhein ab und komme auf einem Uferweg nach **Bad Säckingen**. Die wunderbare ***Holzbrücke*** über dem Rhein steht hier seit 700 Jahren und ist die längste Europas. Ein Bummel durch die ***Altstadt*** und eine Pause auf dem Marktplatz sind angesagt. Mich verwundert in der barocken Fassade des Münsters die Figur eines Mönches, der von einem Skelett im Brautkleid umgarnt wird.

Todesbraut

Bad Säckingen hat seinen Ursprung in einem Frauenstift, das von dem irischen Mönch Fridolin gegründet wurde. Mehr als 1000 Jahre später machte Ursula von Schönau die Stadt berühmt. Der trompetende Landsknecht Werner verliebte sich in das Edelfräulein. Victor von Scheffel (1826–1886) machte aus der Geschichte ein Versepos. Seitdem gehört der Bläser zum deutschen Kulturgut. Im ***Schloss Schönau***, befindet sich das ***Heimatmuseum*** mit einer einmaligen Trompetensammlung.

Von **Bad Säckingen** fahre ich weiter am Ufer des aufgestauten Rheins entlang, durch Kleingartenanlagen, überquere die Mündung der Murg und streife den Ort **Murg**.

Ausflug

Abstecher in das romantische Murgtal. In Murg gibt es für kletterfreudige Dickreifenfahrer die Möglichkeit, etwa 10 km durch das romantische Murgtal mit Wasserfällen, Ruinen und dem Biotop „Thimos" mit Fischweihern und schöner Aussicht auf den Schweizer Jura zu fahren.

Der Uferweg nähert sich nach Murg der Bahntrasse, die 1 km weiter gekreuzt wird. Ich muss durch **Rhina** ein kurzes Stück Landstraße fahren, bis ich auf dem Radweg entlang der Bahnlinie nach **Laufenburg** komme. Die verwinkelte alte Stadt liegt auf beiden Seiten einer engen Schlucht, die der Rhein hier gegraben hat. Die durch Sprengung und Stau verschwundenen Stromschnellen, „Lauffen" genannt, gaben der Stadt ihren Namen. Der Rhein war hier besonders fischreich. An der Brücke hängt noch eine metallene Lachsreuse zur Erinnerung an vergangenen Zeiten.
Christian Morgenstern dichtete:

Ein Rheinsalm schwamm den Rhein
Bis in die Schweiz hinein.
Er war weiß Gott wo,
doch eines Tages - oh -
Da kam er an ein Wehr:
Das maß zwölf Fuß und mehr!

Zehn Fuß - die sprang er gut!
Doch hier zerbrach der Mut.
Drei Wochen stand der Salm
Am Fuß der Wasseralm,
Und kehrte schließlich stumm
Nach Deutsch- und Holland um.

Laufenburg – Stadt in zwei Ländern

Von **Laufenburg** aus fahre ich weiter am Ufer entlang über **Stadenhausen** und komme in **Luttingen** auf die B 54. Autoallergiker sollten hier den offiziellen Radweg oberhalb der Bahntrasse benutzen. Ich erklettere ihn erst hinter **Hauenstein** und fahre an der Bahn entlang nach **Albbruck**. Hier biege ich rechts in die Kraftwerkstraße, muss nach wenigen Metern links, bis ich wieder rechts die Straße an der Kirche abwärts rolle, an der Papierfabrik vorbei, über die B 34 und die Alb zum Weg am Kraftwerkskanal. Ein paar hundert Meter weiter überquere ich

den Kanal. Nach 3 km Fahrt durch einen Auwald erreiche ich ein Wasserkraftwerk. Gleich daneben dampft der Kühlturm des AKWs Leibstadt auf Schweizer Seite. Drei andere Schweizer AKWs liegen ganz in der Nähe. Auf dem Damm des Wasserkraftwerks führt ein rotbärtiger Mann seinen Basset spazieren. Er lebt seit 30 Jahren hier und geht zum Stauwehr, weil er den Geruch der Gischt so liebt. Er findet, dass zu viele Objekte gebaut werden, die nicht in die Landschaft passen.

Meine Route führt mich kurz landeinwärts, dann geht's rechts für ein paar Kilometer durch die Felder, an etlichen Häusern vorbei, wieder an den Rheinuferweg zur Altstadt von **Waldshut**. Zwischen zwei Stadttoren liegt die ***Kaiserstraße*** mit alten Zunfthäusern. Weiter am Ufer entlang verbreitert sich nun der Rhein, denn ihm fließt die ***Aare*** zu. Die Aare ergießt fast 40% aller Schweizer Gewässer in den Rhein. Die Römer nannten diese Stelle Confluentes, weshalb der Ort hier auch **Koblenz** heißt, wie beim Zusammenfluss von Mosel und Rhein.

Ich überquere die Rheinbrücke bei Koblenz und fahre einen Bogen nach rechts zur Aarebrücke, um mir die Begegnung der beiden Flüsse anzuschauen.

Wasser trinken, turbinieren, überqueren

Die Route setze ich auf Schweizer Seite fort. Die blutwurstroten schweizer Radwegweiser mit der 2 führen mich weg von der Kantonstraße 7 zu einer Nebenstraße nach **Zurzach**. Nach kurzem, heftigen Anstieg fährt es sich schön auf dem Radweg der Kantonstraße mit Aussicht auf das silbrige Band des Stroms. Ich fahre durch die Talsenke von Rietheim, die durch Salzabbau entstanden ist. Hölzerne Bohrtürme zeugen noch von der alten Sodafabrik. Nach **Rietheim** erreiche ich **Zurzach**. Dort lädt eines der größten ***Freiluft-Thermalbäder*** Europas ein, sich in natürlich warmem Glaubersalzwasser zu erquicken. Ein Wasserkrug und Läusekamm als Emblem gehören schon seit Jahrhunderten zu Zurzach, denn sie sind Zeichen der hl. Verena, deren Gebeine im ***Münster*** der

Stadt ruhen. Auf Schweizer Seite wird die Route entlang der Bahnlinie und später der Kantonstraße über **Rekingen**, **Melikon** und **Rümikon** bis nach **Kaiserstuhl** fortgesetzt. Die Kaiserstühler ***Altstadt*** steht unter Denkmalschutz.

Für die Strecke am Nordufer fahre ich über die Brücke von Zurzach nach **Rheinheim** und biege auf die Landstraße nach **Reckingen** am Fuß der sanften Hügel des Küssabergs. Die Steigung vor **Lienheim** macht mich durstig. So bin ich froh, auf der langen Abfahrt nach **Hohentengen** im ***Weingut Engelhof*** eine Probe machen zu können. Die Weine schmecken rein und mild.

Im Klettgau

In **Hohentengen** werden sich Rheinpuristen für die steigungsreiche Strecke auf dem Südufer entscheiden, den Rhein überqueren und die Tour in Kaiserstuhl fortsetzen. Ich mache ein bisschen Tempo, fahre Richtung Herdern, biege auf der Landstraße links ab und passiere bei **Günzgen** die Schweizer Grenze. Es geht auf ebenen asphaltierten Straßen an Weinbergen, Obstgärten und Kuhherden vorbei durch die gepflegten Dörfer **Hüntwangen**, **Wil** und **Rafz** wieder zur Grenze. **Lotstetten** ist wieder deutsch. Ich folge den Bahngleisen bis zum Ortsanfang von Jetstetten. Hier geht es 1 km auf der B 27, bis die Route auf einen Landwirtschaftweg rechts abbiegt und durch Felder und Wald in schönen Abfahrten an das Ufer von Rheinau führt.

Rheinau liegt auf einer Landzunge an einer Doppelschleife des Rheins. Das ***Benediktinerkloster*** mit gotischen und barocken Gebäuden ist weitgehend erhalten und sehenswert. Rheinau wurde 1955 bekannt wegen eines neuen Wasserkraftwerks, in dem das Wasser durch einen 400 m langen Tunnel gejagt wird, bevor es wohldosiert dem Strom zurückgeführt wird, ohne dass es zur Verlandung oder Überflutung kommt. In Rheinau kann man auch eine Bootsfahrt zum Rheinfall buchen.

Von Rheinau klettere ich durch den Wald nach **Altenburg**. Hinter dem Ort geht es steil bergab zurück zum Rhein, dessen Schaumkronen anzeigen, dass er kurz zuvor kräftig durchgeschüttelt wurde. Es geht weiter bergab.

Das Rauschen nimmt zu. Plötzlich erblicke ich durch eine Lücke zwischen den Bäumen den weißen Wall des *Rheinfalls*. Ich rolle zur Talsohle. Das aus grauen Steinen erbaute Schlösschen Wörth war einst Zollstelle und Umladeplatz der Schaffhausener Schiffsknechte. Heute kann man von hier mit einem Boot zum mittleren Felsen übersetzen. Ein eindrucksvoller, aber feuchter Törn zu der großen Felstreppe, über die der Fluss sich 23 m in die Tiefe stürzt. Man kann sogar einen der Felszähne besteigen, die in der Mitte des Falls vom Wasser umtost werden. Erst seit der geologisch minimalen Zeit von ca. 14000 Jahren stürzt, rauscht und tost der Rhein hier über eine Kalksteinschwelle, weil er nach der Eiszeit sein altes Bett nicht wiederfand. Goethe empfand den ununterbrochenen Energiestrom als unheimlich: „Indem die ungeheure Erscheinung immer sich selbst gleich blieb, fürchtete der Zuschauer dem Übermaß zu erliegen und erwartete als Mensch jeden Augenblick eine Katastrophe."

Rauschender Ort

Es führt ein Fußweg mit ein paar Stufen durch die Grünanlage oberhalb des Falls zu der ***Eisenbahnbrücke***, die den Fluss kurz vor seinem Ritt über die Felsen überspannt. Der Bau der Steinbrücke war 1856 eine technische Sensation. Neun Bogenschläge gründen auf den Felsen im reißenden Fluss. Die Bögen sind unterschiedlich weit. Dadurch fügt sich die Brücke harmonisch ins Landschaftsbild ein. Neben den Gleisen führt ein Fuß- und Radweg zu den Treppen, die zum ***Schloss Laufen*** führen. Der Radler erreicht Schloss Laufen über eine Brücke weiter stromauf auf dem linksrheinischen Ufer. Nach ihrer Überquerung führt gleich rechts eine Straße in den Mischwald am Ufer. Ich muss am Ende der Straße kräftig klettern, bevor mich die Ziegen des Schlosses meckernd begrüßen. Das Schloss wird 858 zum ersten Mal urkundlich erwähnt. Am Souvenirshop muss ich einen Franken berappen und steige nun die immer glitschiger werdenden Stufen hinab zu den drei Aussichtsplattformen. Jede bietet eine fulminante Perspektive auf das mächtig rauschende Naturschauspiel: vom oberen Rang des Belvedere – das weite Panorama, vom mittleren Rang des Fischetz – auf Augenhöhe mit den vorbeidonnernden Wassern, vom Parkett des Känzeli – hautnah an den Gischtwolken des kochenden Stroms. Ein Amerikaner, der den Niagarafall kennt, ergötzt sich am Rheinfall ebenso wie ein Chinese, der mir erklärt, dass in seiner Kultur zum Begriff der Schönheit immer die Verbindung von Hochgebirge und Wasser gehört. Eine fromme Wandersfrau erkennt hier die Allmacht Gottes, und ein Raverpärchen sieht in der tobenden Natur „etwas Kulturelles".

Der Weg nach **Schaffhausen** ist am Nordufer des Rheins am schönsten. Hinter einer Spannseilbrücke, die wie eine Miniaturausgabe der Erasmusbrücke in Rotterdam wirkt, überquere ich die Mühlenstraße. Das Dreieck der ***Altstadt*** liegt zwischen Mühlenstraße und Rheinuferstraße, Grabenstraße und Bachstraße. Die meisten Straßen sind hier Fußgängerzonen, in denen das Velofahren gestattet ist. Am Fronwagplatz 4 ist die Tourist-Information. Nun kann die Stadt erobert werden, was Soldaten in früheren Zeiten nur einmal gelungen ist, denn Schaffhausen wird überragt von der Festung ***Munot***. Das Wort bedeutet „ohne Not". Die runde Bastion wurde nach den Plänen Albrecht Dürers gebaut. Die Mauern sind meterdick. Der Treppenturm hat einen schneckenförmigen Aufgang, damit in ihm Reiter emporsprengen können. Von der Festung geht der Blick weit ins Rheintal hinein. Der historische Kern Schaffhausens ist das ***Kloster Allerheiligen***, in dem ein Heimatmuseum ist. Ein Ort duftender Stille ist das Kräutergärtlein im Kreuzgang. Das ***Münster*** ist der dritte historische Schwerpunkt im Dreieck der Altstadt. Es bewahrte bis heute seine romanische Reinheit, wie der Dom zu Speyer. Die Altstadt ist ein schöner Ort, um zu flanieren und die vielen Brunnen, Erker und bemalten Fassaden zu entdecken. Da Schweizer nicht nur „Schoggi" essen, gibt es hier eine Fülle guter Lokale.

Die Ruhe nach dem Fall

Tengen
Ludwigshafen
Heiligen-
berg
0
6 km
Steißlingen
Bodman
Sipplingen
Deggen-
hausertal
Weingarten
Hilzing
Singen
Überlinger See
Überlingen
Ravensburg
Gottmadingen
Radolfszell
Uhldingen-
Mühlhofen
Bermatingen
Ober-
teuringen
Grün-
kraut
Schaffhausen
Rielasingen
Allensbach
Markdorf
Rhein-
fall
Büsingen
Gailingen
Reichenau
Meersburg
Schussen
Mecken-
beuren
Festung
Munot
Diessen-
hofen
Stein
am Rhein
Gaienhofen
Mannenbach
Konstanz
Tettnang
Schloss Laufen
Öhningen
Erma-
dingen
Immenstaad
Friedrichshafen
Rheinau
Steckborn
Gottlieben
Täger-
wilen
Kreuzlingen
Bodensee
Argen
Mammern
Eriskirch
Rhein
Kressbronn
Thur
Kesswil
Romanshorn
Wasserburg
Frauenfeld
Weinfelden
Amriswil
Arbon
Steinach
Horn
Alter
Rhein
Winterthur
Staad
Wil
Bischofszell
Rorschach
Rheineck
Höchst
St. Gallen

Tour 20

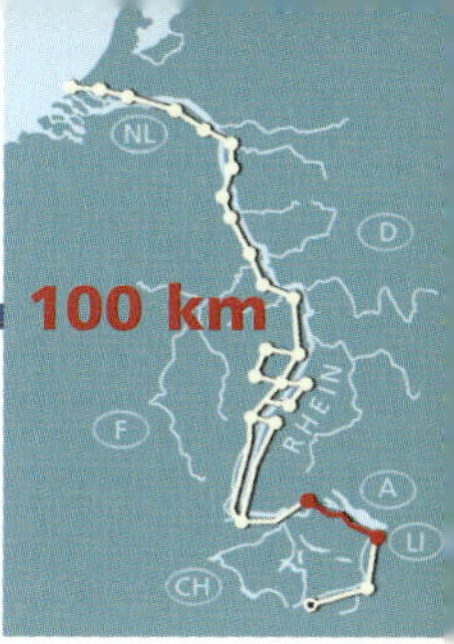

Die Badewanne des Rheins

Von Schaffhausen zur Mündung des Alpenrheins

Schaffhausen verlasse ich auf der Mühlenstraße am Nordufer. Am unverbauten Ufer des Hochrheins, durch Wäldchen und Wiesen zu radeln, ist ein Genuss. Irgendwann muss ich die Grenze überquert haben, denn ich merke am gelben Ortsschild **Büsingen**, dass ich wieder in Deutschland bin. Doch hier wird nicht mit Euro gezahlt, sondern mit Franken. Büsingen ist eine deutsche Enklave. Sie gehört zum Schweizer Zollgebiet, aber die Bewohner zahlen ihre Steuern in Deutschland mit Schweizer Franken. Die Post ist deutsch, aber die Polizei kommt aus Schaffhausen. Eine Tafel am Junkerhaus erzählt das Jahrhunderte währende Drama einer Schaffhausener Adelsfamilie, die zum „ewigen Ärgernis" Büsingen an Württemberg verlor.

Die Route verlässt am Ortsausgang Büsingen die Straße und kürzt auf einem Landwirtschaftsweg durch fruchtbare Felder und Obstgärten eine Rheinbiegung ab. Die Staatsgrenze wird zweimal überquert. Schließlich komme ich zurück auf die Landstraße. Auf dem linken Ufer liegt **Diessenhofen**, das mit einer überdachten Holzbrücke zu erreichen ist. Schiffe, die die Brücke unterqueren, haben speziell konstruierte Ruderhäuser, die mit wenigen Handgriffen flachgelegt werden.

Holzweg nach Diessenhofen

Diessenhofen hat eine über 1000-jährige Geschichte. Die propere Altstadt zeugt davon. Ganz in der Nähe liegt das großzügig gebaute barocke ***Katharinenkloster***, das von dem Kölner Albert Magnus geweiht wurde. 1339–1346 gewährte es dem Mystiker Heinrich Seuse Schutz. Der 1295 geborene Seuse trat mit 13 ins Dominkanerkloster in Konstanz ein, hatte mit 18 das Erlebnis einer „Ekstase" und musste sich mit 35 in den Niederlanden gegen den Vorwurf der Ketzerei verteidigen. Der Rhein war jahrhundertelang stromauf und stromab nicht nur Handelsstraße, sondern auch Straße der Gedanken.

Meine Route bleibt vorerst am Fluss. Im Strandbad Gailingen kann man von einem Sprungturm in den Rhein springen. Nun geht es aufwärts durch **Obergailingen** in einen Wald, dann rasant bergab, über das

Traube von Kanaan

Flüsschen Biber, und weiter auf dem Landwirtschaftsweg nach **Hemishofen**. In der Ortsmitte rechts, unter Eisenbahn und Straße durch, bringt mich die Landstraße an Weingärten vorbei nach **Stein am Rhein**. Nach der Stille und Beschaulichkeit der letzten Wege zeigen die Parkplätze voller Busse und PKWs, dass ich nicht der einzige bin, der die best erhaltene mittelalterliche Stadt der Schweiz besuchen möchte. Die bunt bemalten ***Bürgerhäuser*** wirken auf mich wie riesige Oblaten aus Kindertagen. Die naiv und liebevoll gemalten Bildergeschichten setzen sich oft im Innern der Häuser fort, die klangvolle Namen wie „Roter Ochse", „Lindwurm" oder „Zum schwarzen Horn" tragen. Am ältesten sind die Gemälde des „Weißen Adlers" links neben dem Rathaus. Es lohnt sich, tiefer in die 7 000 Jahre alte Geschichte des Ortes am Beginn des Hochrheins einzudringen und das Museum im ***Kloster St. Georgen***, links neben der Brücke, zu besuchen. Die Wandmalereien mit deftigen Szenen aus Boccacios „Decamerone" zeugen vom freien Geist der Renaissance.

Der Rhein verlässt den See

Bevor ich nun die Rheinbrücke überquere, kehre ich im Gredhaus an der Brücke ein, um den Austritt des Rheins aus dem Bodensee zu würdigen. Der Rhein kam von den Alpen, füllte den Bodensee bis zu einer Tiefe von 252 m, reinigte sich vom alpinen Geschiebe und verlässt seitdem hier erfrischt und sauber den See.

Ich fahre weiter über die Brücke und halte mich links auf den Ufergassen des linksrheinischen Teils von Stein. Die kleine ***Insel Werd*** ist über eine Holzbrücke zu erreichen. In **Eschenz** fahre ich auf den Radweg südlich zur Bahnlinie, der mich über **Mammern** nach **Steckborn** führt. Der fünfstöckige Turmhof am See ist Wahrzeichen der Stadt. Im 20. Jh. lockte der Untersee viele Künstler an. Zuerst freiwillig, wie Hermann Hesse, der in Gaienhofen am Nordufer dichtete, später wurden die Expressionisten Otto Dix und Erich Heckel von der Reichskulturkammer ins benachbarte Hemmenhofen verbannt. Das ***Höri-Museum*** in Gaienhofen, das mit der Fähre zu erreichen ist, würdigt diese und andere Künstler am Untersee.

Treffpunkt der Bonapartisten

Weiter geht's an Wald- und Rebenhügeln vorbei über **Berlingen** nach **Mannenbach**, wo das ***Napoleon-Museum*** historisch interessierte Reisende begeistern wird. Napoleons Stieftochter Hortense kaufte das Schloss Arenenberg, in dem heute das Museum untergebracht ist. Die Einrichtung ist in vielen Teilen noch im Originalzustand und vermittelt ein Gefühl für die postnapoleonische Epoche. Der nächste Ort, **Ermatingen**, wird weiter auf dem Radweg an der Bahn erreicht.

Ausflug

Abstecher auf die Insel Reichenau. Von Ermatingen kann man mit dem Schiff auf die **Insel Reichenau** übersetzen. Die drei romanischen Klöster der Reichenau sind stilrein und als Ensemble so einmalig, dass die Insel ins Weltkulturerbe der UNESCO aufgenommen wurde. Auch wenn die Wandmalereien der St. Georgskirche in Oberzell nach 1000 Jahren verblasst sind, kann man sich hier in die Wiege des Abendlandes zurückversetzen. Die Reichenau war eine Stätte wichtiger kultureller Produktionen. Aber auch die Pflege der paradiesisch fruchtbaren Gärten war ein Teil des mönchischen Konzepts. Seit Beginn des Klosterlebens werden hier Gemüse und Wein angebaut. Da heute große Teile der Insel Naturschutzgebiete sind, kann man sich an den unverbauten Schilfufern dem Jazz der Wasservögel hingeben. Von der Insel führt die Route nach Konstanz über den Inseldamm zur B 33. Hier geht es rechts auf dem Radweg am Naturschutzgebiet Wollmatinger Ried entlang nach Konstanz.

Insel Reichenau

Auf dem Weg am Südufer des Untersees kommen sich die Ufer immer näher, und der See wird zum Rhein. Ich erreiche das alte Fischerdorf **Gottlieben** mit seinen Riegelhäusern, wie in der Schweiz Fachwerkbauten genannt werden. Besonders das Waaghaus und die Drachenburg sind sehenswert. Auch das alte Wasserschloss am See ist einen Schlenker wert.

Auf dem Rheinweg fahre ich an zwei Strandbädern vorbei und komme auf die Konstanzer Straße und zum Zoll von **Konstanz**. Geradeaus geht es direkt in den historischen Stadtkern. Als Rheinfreund fahre ich

Der Bodensee

Das Bodenseegebiet ist ein alter Siedlungsraum. Das günstige Klima, der fischreiche See und der fruchtbare Boden locken seit 6000 Jahren Menschen an, sich hier niederzulassen. Heute leben an den Ufern des Sees 2 Mio.Menschen. Sie sprechen eine gemeinsame Sprache in vielen verschiedenen Dialekten. Hinzu kommen Touristen, die ca. 5 Mio. mal im Jahr hier übernachten. Seit Menschengedenken wird das Bodenseewasser getrunken. Doch in den 50er Jahren kippte die Wasserqualität um. Zuerst vermehrten sich Plankton und Algen. Das führte zur Zunahme der Fischpopulation, die aber nach wenigen Jahren durch Parasiten erheblich dezimiert wurde. Dadurch wurde der Vogelbestand so reduziert, dass ganze Arten ausstarben. Als zuletzt die Touristen ausblieben, weil sie sich vor dem Algenglibber ekelten, begannen die Gemeinden zu handeln. Bald fand man heraus, dass die Überdüngung des Wassers zum größten Teil durch Phosphate der Waschmittel verursacht war. In den 60er Jahren einigten sich die drei Anliegerstaaten auf Maßnahmen zur Abwässerreinigung. Es folgten weitere Schritte der Landschaftsökologie, wie die Einrichtung von Naturschutzgebieten und Wasserschutzzonen und eine Verbesserung der Waschmittel. Die Selbstreinigungskräfte des Sees begannen wieder zu wirken. In den 70er Jahren kamen die Vögel zurück, aber auch die Touristen. Das Wasser hat inzwischen seine alte Reinheit zurückgewonnen. 4 Mio. Menschen trinken heute aus dem See.

links zum Ufer zurück und unterquere eine gigantische Brücke, die halbfertig ist. Der Bau wurde in den 70er Jahren gestoppt. Umweltschützer aus mehreren Parteien und Interessengruppen setzten sich gegen die Verkehrsplaner durch. Der Weg führt weiter am Rhein entlang, der für 1 km wieder wie ein urbaner Strom aussieht. Die Brücke am Bodensee ist der offizielle Nullpunkt der Rheinkilometer. Bis Hoek van Holland sind es 1035,40 km, bis zur Quelle im Toma-See 285 km.

Ich gondele an der ***Seepromenade*** unter Palmen entlang und genieße die laue Luft und das weiche Licht. Unübersehbar ist die 10 m hohe Statue der ***Imperia*** von Peter Lenk. An das Konzil zu Konstanz 1414–18 erinnert auch das Konzilgebäude am Hafen und das ***Hus-Museum***. In den kommenden Jahrhunderten verlor Konstanz seine zentrale Bedeutung in der Region, was vermutlich ein Glück war, denn die Stadt blieb auch im Zweiten Weltkrieg unzerstört. In der Zeit der Studentenrevolte wurde eine „Reform"-Universität gegründet, in der heute 10 000 Studenten immatrikuliert sind. „Eine Rentnerstadt, in der sich's leben lässt", meint ein Student auf dem Weg zum Baden im See. Auf der Laube, einer der meistbefahrenen

Promenieren in Konstanz

Imperia

Honoré de Balzac schrieb die Geschichte der schönen Imperia, die während des heiligen Konzils zu den „schmuckhaften, verführerischen Buhlerinnen" gehörte, „die gen Konstanz geeilt waren, um der Kirchenväter Sinne zu erleuchten". Der Sekretär des Bischofs von Bordeaux geriet durch „das geile Lachen der schlemmenden Kirchenfürsten, die der Frau Venus ihr Halleluja sangen" außer sich. Es gelang ihm, sich in die Gemächer der Imperia zu schleichen, „der eigentlichen Königin des Konziles".

„Was willst du, Kleiner?", fragte die Schöne.

„Bei Euch verscheiden", ächzte er gierigen Blickes.

So gewann er das Herz der Dame, die von weit ranghöheren Kirchenfürsten mit teueren Geschenken heftig umworben wurde. Mit ein paar falschen Anspielungen auf gefährliche Krankheiten, gelang es dem listigen und „hübschen Pfäfflein" seine Konkurrenten zu vertreiben. Als er mit seiner Angebeteten endlich allein war, hauchte sie wonneschauernd: „Still, Kleiner! Komm! ... Greif zu!"

Straßen der Stadt steht der ***Brunnen vor dem Tore,*** auch von Peter Lenk. Mit Hingabe hat er die Kurven von Konstanze, der Fischerin vom Bodensee, geformt. Sie wird von satirischen Figuren wie dem „stoischen Affen" oder dem „Erdferkel mit bebrillten Aufblick" umgeben.

Fischerin vom Bodensee

Konstanz verlasse ich auf der Hafenstraße. Hier lockt die Ausstellung der Aquariumskette ***„SeaLife"*** zum Besuch der Unterwasserwelten von Flüssen und Meeren. Ich passiere die Schweizer Grenze an den Seeuferanlagen von **Kreuzlingen** mit ***Schloss Seeburg*** und dem ***Seemuseum***, durchquere einen Campingplatz und fahre an einer Bahnlinie entlang, die nach **Münsterlingen** führt. Hier wartet im ehemaligen ***Benediktinerinnenkloster*** eine spätgotische Büste des Evangelisten Johannes auf einen kalten Winter. Wenn der See zugefroren ist, wird die Figur in einer Prozession nach Hagnau am gegenüberliegenden Ufer getragen. Dort wartet sie auf die Prozession zurück beim nächsten Eis, das „Seegfrörne" genannt wird. Ich folge weiter der Bahnlinie durch Wiesen und Obstgärten in einiger Entfernung zum Seeufer und fahre an **Moosburg**, **Kesswil** und **Uttwil** vorbei. Der Obstanbau hat der Gegend den Beinamen „Mostindien" verschafft. Die Route führt nah am Ufer bis **Romanshorn**, dem größten Hafen des Bodensees. Weiter geht es vor dem Bahnhof über die Gleise, an der Bahnlinie entlang und noch zweimal über Schienen bis nach **Egnach**. Hier heißt es wieder die Bahnlinien nach links, Richtung See, kreuzen. Der Radweg führt am Ufer entlang nach **Arbon**. Zentrum der ***Altstadt*** auf der runden Landzunge ist das Schloss mit einem siebenstöckigen Turm.

Der Radweg führt weiter am See entlang, durch den Fischerort **Steinach** hindurch nach **Horn**. Er begleitet die B 13 eine Weile, bis er als Uferweg zur Promenade von **Rorschach** führt. Einer Blondine gefällt an Rorschach besonders gut, dass es einen Ausländeranteil von 53% hat, untypisch für die Schweiz. Der Grund mag in der starken Industrieansiedlung in dem Gebiet zwischen Rorschach, Arbon und St. Gallen liegen. Davon bekommt der Radler am Bodensee jedoch so gut wie nichts mit.

Ausflug

Abstecher nach St. Gallen. Wer Bücher liebt, muss in Rorschach einen Abstecher nach St. Gallen zur ***Stiftsbibliothek*** machen. Über **Goldach** am Westrand von Rorschach führt der 10 km weite Weg über **Untereggen** in die Kantonshauptstadt. Die Geschichte St. Gallens beginnt um 600 mit einem Dutzend irischer Mönche, die den Rhein hoch wanderten.

Ausflug

Gallus, einer von ihnen, wurde krank und blieb an diesem Ort, während seine Brüder weiterzogen. Die Legende berichtet von Gallus, dass er die Naturdämonen besiegte und ihm ein Bär beim Holztragen half. Aus seiner Einsiedlerklause entwickelte sich ein Kloster, das schnell zum Zentrum an der Rheinmündung wurde. Die Verbindung zu anderen Klöstern am Rhein und zu Irland wurde aufrechterhalten, was wertvolle Handschriften bezeugen. Die mittelalterlichen Buchschätze werden heute im holzgetäfelten Barocksaal der Stiftsbibliothek präsentiert. Darunter ist auch das Nibelungenlied, das an den Beginn dieser Reise erinnert. Auf der aufgeschlagenen Seite wird Siegfried vorgestellt, der in Xanten geboren wurde. Eines der interessantesten Stücke ist der detaillierte Bauplan einer Klosteranlage von 830. Ein idealer Ort zum Beten und Arbeiten wurde entworfen, der teilweise auch so gebaut wurde. Wie die Reichenau, wurde auch die Stiftsbibliothek von der UNESCO in das Weltkulturerbe aufgenommen. Die Stiftskirche wurde anstelle des gotischen Baus im schwungvollen Barock errichtet. Weißgoldene Stuckhimmel und ein kunstvolles schmiedeeisernes Gitter vor dem Chor lohnen den Besuch des Inneren. Ein Bummel durch die Altstadtgassen, deren Häuser mit Erkern und Gemälden verziert sind, rundet den Abstecher nach St. Gallen ab.

Um zur Mündung des Alten Rheins zu gelangen, bleibe ich auf dem Radweg der B 13, fahre durch **Staad** und biege am Kreisverkehr nach **Altenrhein** ab. Hier steht eine der Attraktionen der Gemeinde: die ***Markthalle von Friedensreich Hundertwasser***. Der Fisch im Wappen der Stadt zeigt an, dass die Menschen hier einst vom Wasser lebten. Heute ist es eher die Luft. Ende der 20er Jahre bauten die Dornier-Werke hier das legendäre Wasserflugzeug Do-X. Es hatte 12 Motoren und eine Reichweite von 2 300 km. Heute ist dem Flughafen Altenrhein das ***Fliegermuseum*** mit flugtüchtigen Maschinen vom Doppeldecker bis zum Kampfjet angegliedert. Flüge sind ab 390,- SFr möglich.

Ich bleibe auf dem Boden und nehme die kleine Straße nach **Rheinspitz**. Die Landschaft mit Erlen, Weiden und Schilf, die lachenden Möwen, erinnern mich an Holland. Wenn ich mich nach Süden umdrehe, gibt es allerdings einen gravierenden Unterschied: die Alpen begren-

oben: Luftfahrtzentrum
unten: Vogelparadies

Alpenrhein

Im Jahre 1900 wurde der Flusslauf zwischen Lustenau und dem Bodensee begradigt. Der Rhein folgte dem Durchstich und verlegte sein Bett. Seitdem zieht der Strom mit so hoher Geschwindigkeit, dass Fischen im Rhein nicht mehr möglich ist. Doch die Fußacher Bucht bleibt ein fischreiches Gewässer. Der Rhein bringt aus den Alpen jede Menge Nährstoffe heran, aber auch Geschiebe. Jedes Jahr vergrößert sich im Delta das Land über dem Wasserspiegel um 3,3 ha. Das Gebiet zwischen dem Alten und Neuen Rhein wurde eingedeicht. Gräben und Pumpen sorgen für die Entwässerung. Damit die Verlandung der Bucht so gering wie möglich bleibt, wurde ein Damm entlang dem Rheinlauf gebaut, der die Mündung möglichst weit in den Bodensee vortreiben soll. Der Damm wird dauernd verlängert. Das Delta ist schon lange keine unberührte Naturgegend mehr, sondern eine ständige Baustelle. Die Regulierung des Alpenrheins begann Mitte des 19. Jh. Durch die jahrhundertelange Abholzung in den Alpentälern wurde immer mehr Erdreich abgeschwemmt. Folglich führte der Rhein immer mehr Geschiebe mit sich. Das Flussbett erhöhte sich und lag teilweise 3 m über Talniveau. Verheerende Hochwasser brachten dem Rhein den Beinamen „Talvogt" ein, der von den Bewohnern zwischen Liechtenstein und dem See Tribut forderte. Wie am Oberrhein, wurde zur Abhilfe der „Rheinnot" der Rhein kanalisiert und für Landwirtschaft und Industrie neue Flächen erschlossen. Auch hier gibt es das Problem der Absenkung des Grundwasserspiegels. Die Zahl der Überschwemmungen nahm im letzten Jahrhundert ab, aber wenn das Wasser kam, dann mit nicht dagewesener Gewalt. Kosten-Nutzen-Analysen der Wasserbaumaßnahmen und Rückbau der linearen Strukturen werden weiter diskutiert. Dabei hören und verstehen nur wenige den Rhein, der für die Römer ein Gott war.

zen den Horizont. In Rheinspitz mündete bis 1900 der Alpenrhein. Heute fließt noch ein Altarm in den See. Weit geht der Blick über die Bregenzer Bucht bis nach Lindau. Ein Platz zum Rasten.

Die Route führt mich nun am Alten Rhein zurück bis zu einer Autobahn, die ich unterquere und der ich südwärts auf dem Radweg folge, bis nach **Rheineck**. Am Ortsende führt eine kleine Straße unterhalb der Autobahn nach **Gaißau**. Eine unbesetzte Grenzstation mit Adlerwappen zeigt an, dass ich in Österreich bin. Auf einer Landstraße fahre ich an Gehöften vorbei wieder rheinabwärts. Bei einem Gasthof führt der ausgeschilderte Weg kurvenreich durch Felder und Röhrichtwälder. Das Gebiet ist das größte ***Süßwasserdelta*** in Mitteleuropa. Für die Zugvögel ist es vor und nach der Alpenüberquerung ein wichtiger Rastplatz. An der Halbinsel Rohrspitz gibt es ein Gasthaus, einen Campingplatz und eine Badestelle. Der Weg zur Spitze des Alpenrheins führt am Damm entlang zum Bootshafen von **Fußach**.

Jede Menge Kies

Ich fahre zum ***Alpenrheindamm***. Kalbsgroße Felsblöcke sind an manchen Stellen aufgetürmt, um den Strom in seinem Korsett zu halten. Auf der linken Seite liegt die mit Binsen und Schilf durchsetzte Verlandungszone. Der Wegbelag besteht aus Kieseln. Zum Glück habe ich dicke Reifen, mit denen es ein Spaß ist, die Strecke zu fahren. Dieser Weg zwischen See und Strom hat eine besondere Atmosphäre. An der Spitze hat ein Biker ein Lagerfeuer entzündet und genießt die Stimmung. Noch haben sich die grauen Wasser des Rheins nicht mit den blauen Wellen des Sees vermischt. Segelboote kreuzen im Wind. Schneeweiße Ausflugsdampfer tuckern vor den blaugrünen Hügeln zwischen Lindau und Bregenz entlang. Ich drehe mich nach Süden um. Die Appenzeller Alpen am Horizont flößen mir Respekt ein.

Mündung im Schwäbischen Meer

Der Alpenrhein und Vorderrhein

Der Aufstieg zur Quelle ist die Krönung der Rheintour. Zunächst radle ich bequem an den Ufern des Alpenrheins durch das Vorarlberger und Appenzeller Land. Die Weindörfer der Bündner Herrschaft, der Heidi-Ort Maienfeld und die älteste Siedlung nördlich der Alpen, Chur, verführen zu längeren Pausen.

Faszinierend ist der Zusammenfluss von Vorder- und Hinterrhein in Reichenau. Hier heißt der Fluss zum ersten Mal Rhein. Der Ausflug durch das Hinterrheintal führt zur wilden Felsschlucht Via Mala und der „Wasserkirche" von Zillis. Die Strecke am Vorderrhein bietet großartige Ausblicke in das tiefe Tal des Flimser Bergsturzes. Meist auf Nebenstraßen komme ich an schmucken Orten vorbei nach Tschamut, dem letzten Dorf vor der Passhöhe. Auf einsamen Bergwegen klettere ich bis zum ersten Wasserfall des jungen Vorderrhein. Von hier führt ein Fußweg zum Toma-See, dem Quellsee des Rheins. 1320 km hat der Rhein nun vor und der Rhein-hoch-Radler hinter sich.

Horn
Staad
Alter Rhein
Alpenrhein
Bregenz
Rorschach
Hard
Goldbach
Höchst
Lauterach
Wolfurt
Rheineck
St. Gallen
Heiden
St. Margrethen
Lustenau
Gaiserwald
Bibliothek
Balgach
Dornbirn
Teufen
Widnau
Herisau
Altstätten
Diepoldsau
Hohenems
ÖSTERREICH
Appenzell
Hoher Freschen
2006
Götzis
Hoher Kasten
1795
Rhötis
Rankweil
SCHWEIZ
Feldkirch
Wildhaus
Thüringe
Grabs
Hohe Köpfe
Werdenberg
2066
Netzing
Schaan
Buchs
Bludenz
Vaduz
Bürs
Walenstadt
LIECHTENSTEIN
Alvier
2343
Sevelen
Triesen
Vadan
Flums
Wartau
ÖSTERREICH
Balzers
Sargans
Meis
Maienfeld
Bad Ragaz
SCHWEIZ
Landquart
Pizol
2844
Landquart
Igis
Chur
0
6 km
Tamins
Reichenau

Tour 21

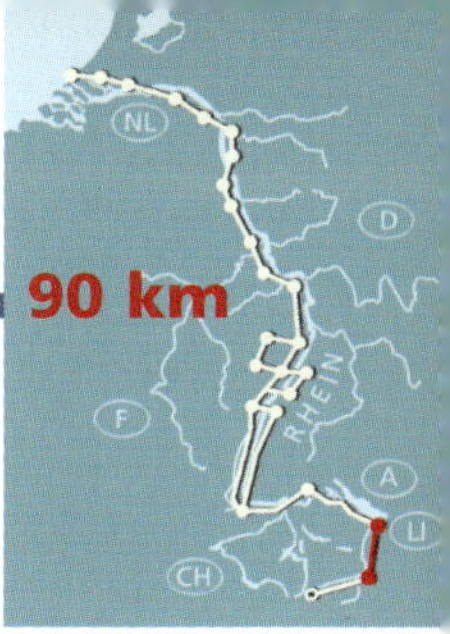

Heidis Inspiration

Von der Alpenrheinmündung nach Chur

Auf dem Schotter des Damms der Alpenrheinmündung beginnt der Weg nach oben. Die grau-blauen Alpen begrenzen den Horizont. Noch ist das Tal weit. Einst hat es ein Gletscher ausgehobelt. Heute wächst saftiges Gras auf dem Schwemmland. Ich fahre parallel zum Strom, dessen graues Wasser ich erst wieder an der Brücke von **Brugg** sehe. Ein breiter Landstreifen neben dem Flussbett soll ihm im Falle eines Hochwassers genügend Raum geben. Hier besteht die Möglichkeit, auf das rechtsrheinische Ufer zu wechseln und noch in Österreich zu bleiben.

Die ***Route an dem linken Ufer*** entlang kreuzt die Grenze. Rechts liegt **St. Margrethen**. Der Ort bietet außer einem großen Sport- und Wellnessangebot ein Festungsmuseum. Nachdem Österreich durch die Nazis annektiert wurde, bauten die Eidgenossen blitzschnell die Festung ***Heldsberg*** gegen einen deutschen Angriff. Inzwischen sind die kilometerlangen Gänge und militärischen Anlagen ein Museum. Meine Route führt weiter in den Ort **Au** und folgt dann dem Rheintal Binnenkanal nach **Widnau**. Die Orte im Schwemmland des Rheins waren bis Ende des 19. Jh. arme Kleinbauerngemeinden. Die Stickereiindustrie brachte den ersten Aufschwung.

Bombensicher

Auf dem Weg nach Altstätten biege ich hinter Widnau an der Kreuzung der Straße nach Diepoldsau halbrechts ab und folge dem kanalisierten Lauf der Rietaach. Der Radweg wechselt das Ufer. Bei der nächsten Brücke geht es rechts, vor der Bahnlinie links zum Bahnhof Altstätten. **Altstätten** ist eine 1200 Jahre alte Marktstadt am Ausgangspunkt zweier Passstraßen zum Appenzell. In den Gassen um den Engelplatz sind alte Bürgerhäuser, Laubenganghäuser und Brunnen sehenswert. Wer richtig auf Altstätten abfahren will, nimmt sein Rad mit in den Zug von Altstätten-Stadt zum **Appenzell**, genießt ein Käsesandwich mit Aussicht und rollt in rasantem Tempo den Berg wieder herunter.

Von Altstätten führt ein Landwirtschaftsweg nach **Oberriet**. Rechts lockt eine Abzweigung zum Besuch der Kristallhöhle. Nach 1 km Fahrt

muss man auf dem nächsten Kilometer 200 m Höhenunterschied erklettern. In Oberriet geht es wieder an den Rhein. Hier gibt es die Möglichkeit, auf dem Rheindamm schnurstracks 25 km bis Buchs durchzutreten. Oder man folgt etwas landeinwärts dem Rheintal Binnenkanal durch **Rüthi** bis zum Ortsende von **Sennwald**. Hier Richtung Frümsen durch den Schlosswald klettern und in der Ortsmitte auf einen geraden Weg durch die Felder Richtung Gams abbiegen, der auf einer Landstraße 16 mündet. Ich fahre rechts, biege nach 500 m links auf einen Landwirtschaftsweg, der mich an der Dörfern Gams und Grabs vorbei auf die B 16 bringt. Links geht es nach Buchs, doch zuerst kommt **Werdenberg**. Die kleinste Stadt der Schweiz besteht aus 42 Holzhäusern und etwa 60 Einwohnern. Weil sie nie abgebrannt ist, ist das ursprüngliche Ortsbild so gut erhalten. Die vom Schloss überragten, mit Inschriften verzierten, liebevoll restaurierten Schindelhäuser und die malerische Lage an einem See vermitteln ein Gefühl für die vergangene Schönheit der alten Orte im Rheintal. Eine Ausstellung im Schloss zeigt das frühere Leben im Appenzeller Land und mit aufschlussreichen Dokumenten den langen Kampf gegen die Hochwasser des Rheins. Dabei bekriegten sich die Bewohner der gegenüberliegenden Ufer oft, indem sie mit Umleitungen und Wehren die gefährlichen Strömungen ans andere Ufer zu lenken versuchten. Die Begradigung hat diesen Feden ein Ende gesetzt. Der Aufstieg zum Schloss ist über eine lange Treppe oder mit dem Fahrrad auf einem Wirtschaftsweg möglich und wird von einem weiten Blick auf das Tal belohnt. Nach der Idylle Werdenbergs wirkt die Geschäftigkeit von **Buchs** wie ein Schock. Hinter der Bahnlinie fahre ich rechts. Nach der zweiten Überquerung der Gleise geht die Route links ab zum Rheindamm. Auf ihm geht es fast 20 km geradeaus stromaufwärts nach Bad Ragaz.

Alpine Pause

Ausflug

Ein Abstecher nach Sargans. Sargans ist eine willkommene Abwechslung. Die verwinkelte Stadt wird von einer grauen Burg überragt. In ihr befindet sich ein Heimatmuseum, das 1983 vom Europarat als „Museum des Jahres" ausgezeichnet wurde.

Der ***Weg auf dem rechten Ufer*** beginnt im österreichischen **Lustenau** auf einem Asphaltweg, der durch die Wiesen neben dem Rheindamm führt. Am Rhein im Elsass und im Aargau begann der Aufstieg der Habs-

Beruhigter Rhein

burger zur Weltmacht. AEIOU war eine Abkürzung für Alles Erdreich Ist Oesterreich Untertan. Von dem einst für Österreich so wichtigen Fluss sind noch 30 km Flusslauf unter österreischischer Hoheit übriggeblieben. Unverdrossen singen die Voralberger in ihrer Landeshymne:

„Wo Vater Rhein noch jung an Jahren
kühn das grüne Tal durchschreitet ..."

Vor dem schweizerischen **Diepoldsau** folgt der offzielle Weg einer alten Rheinschleife und kommt an **Hohenems** vorbei. Ein inoffizieller Weg passiert den Drahtzaun der Schweizer Grenze und folgt dem Rheinlauf auf einem Wiesenweg. Die typischen braunen Kühe und ein fröhliches „Grüezi" statt „Grüß Gott" zeigen an, dass ich das Land gewechselt habe. In der Schweiz wird Hundekot von Gemeindeangestellten eingesammelt. Ein löbliches Unterfangen, da die mögliche Verseuchung der Wiesen– und damit der Milch und letztlich der Schokolade – verhindert wird. Für moralische Sauberkeit sorgt eine Schild, das Nacktbaden und Nacktgehen im Bereich der Gemeinde Diepoldsau untersagt. Der inoffizielle Weg geht kaum merklich auf österreichischem Gebiet in den offiziellen über und folgt dem Rheinlauf. Auf einer schmalen Brücke überquere ich die kräftig schäumende Ill. Hinter der Brücke treibt mich die Neugier nach rechts, um mir die ***Illspitz***, die Mündung der Ill, anzusehen, die auf dem Weg von der Silvretta hierher reichlich Wasser für den

oben: Saubere Wiesen
unten: Wilde Ill

Rhein gesammelt hat. Am andern Ufer übertönen die Motoren dreiachsiger LKWs und starker Baumaschinen das kräftige Rauschen des Flusses. Hier wird eine neue Mündung für die Ill gebaut, denn durch die alte Flussführung und die ständige Vertiefung der Rheinsohle entstand eine zu hohe Fließgeschwindigkeit. Die Ill schießt in den Rhein und beschädigt das Schweizer Ufer. Der neue Mündungswinkel soll das Wasser in wesentlich spitzerem Winkel einleiten. Dadurch wird das Illwasser auf einer längeren Strecke vom Rhein abgebremst. Wenn das neue Bett fertiggestellt ist, wird die alte Illmündung abgeschottet und der Fluss umgeleitet.

Ausflug

Abstecher nach Feldkirch. Die Ill aufwärts geht es 7,5 km bis nach **Feldkirch**, einer alten Handels- und Kulturstadt, mit großer humanistischer Tradition. Die Tore, Laubengängen und Patrizierhäuser prägen das Gesicht der Altstadt. Das Wahrzeichen Feldkirchs, die Schattenburg, stammt aus dem 12. Jh. und ist gut erhalten. In ihr ist ein sorgfältig bestücktes ***Heimatmuseum*** untergebracht.

Der Weg am Rhein ist leicht zu fahren und merkwürdig einsam. Es sind kaum Häuser zu sehen. Kein Schiff fährt auf dem geraden Strom, dessen graues Band Ähnlichkeit mit einer gesperrten Autobahn hat. Noch ist keine Steigung zu spüren, doch die Berge rücken näher, und das Tal wird enger. Links liegt **Vaduz**, die Hauptstadt des Fürstentums Liechtenstein, die Museen für alte Kunst, neue Briefmarken und den Skisport bietet. Hinter den dicken grauen Mauern des Schlosses am bewaldeten Berghang über der Stadt wohnt Fürst Hans-Adam II. und blickt auf sein Volk. Dies singt bei gegebenem Anlass nach der Melodie von „God save the Queen" die Hymne:

„Hoch lebe Liechtenstein
blühend am jungen Rhein
glücklich und treu."

Der Rheindamm, auf dem ich meinen Weg fortsetze, brach 1927. Zwei Brücken riss die Flut mit sich. Erst nachdem 15 km unterhalb der Bruchstelle eine Lücke in den Damm gesprengt wurde, konnte das Wasser in sein altes Bett zurückgeleitet werden. Auf Schweizer Seite war der Damm 10 cm höher. Das genügte, um die Katastrophe zu verhindern. Nun wurden die Dämme erhöht und das Flussbett vertieft. Die Folge ist auch hier die Austrocknung des Tals.

Liechtenstein

Das Gebiet des viertkleinsten Staates Europas ist seit prähistorischen und Römerzeiten besiedelt. Im 5. Jh. wurde es christianisiert und Teil des Herzogtums Alemannien. Der österreichische Fürst Johann Adam I. aus dem alten österreichischen Geschlecht Liechtenstein erwarb die Herrschaften Vaduz und Schellenberg, die 1719 zum Reichsfürstentum erhoben wurden und den Namen des Herrschers annahmen. Napoleon schloss das Fürstentum 1806 dem Rheinbund an und verlieh ihm staatliche Souveränität. In der Folge gehörte der Staat zum Deutschen Bund und ging nach dessen Zusammenbruch eine Zollunion mit Österreich ein. Zu jener Zeit lebte die Liechtensteiner Herrscherfamilie lieber in ihren österreichischen und tschechischen Besitzungen. Doch nach dem Ende der Habsburger Monarchie orientierte sich der Fürst zur Schweiz hin. Seitdem ist der Schweizer Franken Zahlungsmittel. Die Schweiz übernimmt in vielen Fällen die diplomatische Vertretung und militärische Aufgaben. Das Fürstentum hat keine Armee. Politische Stabilität, geringe Steuern (18% Obergrenze) und strikte Bankdiskretion haben das kleine Land zum wirtschaftlichen Riesen wachsen lassen. Über 70 000 Holding Companys, auch Briefkastenfirmen genannt, sorgen für 30% der Staatseinnahmen. Schon zu Zeiten des Deutschen Bundes ahnte der liechtensteinische Vertreter die Entwicklung und sagte: „Wenn wir unsern Vorteil recht verstehen, können wir ein Völklein vorstellen, das Niemandem gefährlich ist, aber doch Allen Achtung abnötigt."

Gut Holz, Vaduz!

Die Fahrt geht auf dem wieder weniger befahrenen Damm munter voran. Links liegt das Schloss Gutenberg auf einem Hügel, vor mir der Fläscher Berg, dessen Felskante steil zum Rhein abfällt. Der Fläscher Berg stand einst dem Urrhein im Weg. Der Strom knickt hier nach Westen ab und floss über den Walensee und Zürichsee mit den Wassern der

Aare nach Norden. Allmählich hob sich das Land und bildete bei Mels und Sargans eine Wasserscheide. Der Rhein durchbrach die Barriere des Fläscher Bergs und bahnte sich sein heutiges Bett. In diese Gedanken versunken, verpasse ich die Abzweigung nach **Trübbach** auf die andere Rheinseite, die mich an der imposanten Felswand des Fläscher Bergs vorbei nach Bad Ragaz führen soll. Nach 100 m ist der Weg zu Ende. Zwei Bergsteiger surren an Seilen den Fels herunter. Hier muss ich umkehren. Wieder verpasse ich die Abzweigung über den Rhein und fahre rechts landeinwärts an einem Steinbruch vorbei, passiere ***Schloss Gutenberg***, das bilderbuchgleich auf einem rebenbewachsenen Bergkegel steht, und komme in **Balzers** an eine Kreuzung mit einem Schild nach Maienfeld.

oben: Schloss Gutenberg
unten: Heidis Alpen

In Maienfeld ist Heidi zu Hause. 1881 erschien der erste Heidi-Roman von Johanna Spyri, die in dieser Gegend ihre Sommer verbrachte. Die neugierige Heidi will wissen, wohin der Rhein fließt und woher er kommt. Heidis Freund Geißen-Peter behauptet, hinter dem Fels läge der Anfang des Rheins, weil er zu bequem ist weiterzuklettern. Aber Heidi will den Anfang vom Anfang sehen. Ihre Neugier hat mich zu dieser Reise inspiriert.

Um Maienfeld zu erreichen, muss ich klettern. Zuerst passiere ich alte Panzersperren der Schweizer Armee. Auf den nächsten 5 km muss ich 200 m Höhenunterschied überwinden. Kleine rote Alpenveilchen im Tannenwald und Schweißperlen auf der Stirn beweisen mir: Ich bin in den Bergen. Ich erreiche die im 18. Jh. gegen die Schwaben und Österreicher erbaute Festung Luzisteig, die auch heute noch von der Schweizer Armee genutzt wird. Die Rekruten üben Gasmasken aufsetzen und wissen nicht, gegen welchen Feind sie Heidis Land verteidigen sollen. Nach ein paar hundert Metern biege ich rechts in die rasante Abfahrt nach **Fläsch** ein.

Fläsch verbündete sich im 16. Jh. mit Maienfeld, Jenins und Malans zur Bündner Herrschaft. Alle vier Gemeinden sind bekannnt für Spätburgunder Wein, der in dieser Südwestlage bestens gedeiht. Die Weinkeller der Gegend heißen „Torkel", was nichts mit dem Zustand der Winzer zu tun hat. Der Name leitet sich vom lateinischen Wort torcolare für drehen ab, da die Kelter zum Pressen des Mosts gedreht werden musste. Ich fahre quer durch die Weinberge nach **Maienfeld**, das zu Römerzeiten Magia hieß und Schnittpunkt mehrerer Heerstraßen war. Nach den Römern und den unwillkommenen Österreichern wird Maienfeld heute von Japanern eingenommen, die nur eines sehen wollen: ***The Original Heidi House***. 100 000 Besucher kommen jährlich in das kleine Bergbauernhaus, das suggeriert, Heidi hätte hier gelebt. Der Rundgang führt vom Weinkeller über die kleinen, niedrigen Wohn- und Schlafzimmer zur Küche. Das Haus ist liebevoll mit Möbeln und Geräten aus dem 19. Jh. ausgestattet. Man darf sich sogar in Heidis Bett legen und das Heu der Matratze schnuppern.

Heidis Freunde

Der Heidi-Roman wurde in 50 Sprachen übersetzt und 50 Millionen mal verkauft. Von „Heile-Welt-Kitsch" bis „das erste emanzipatorische Kinderbuch" reicht die Bandbreite der Diskussion über das Buch. Für Japaner ist Heidi Kult. Eine Zeichentrickserie macht das Bergkind aus Maienfeld seit mehreren Generationen in Japan populär. „Wir sind damit aufgewachsen", sagt ein Lehrerehepaar, „und wir zeigen die Serie unseren Kindern in der Mittagspause." Ein grauhaariger Mann sagt sogar auf deutsch, was Heidi für ihn bedeutet: „Heimat." Heidis Liebe zur Natur und zu der behinderten Klara ist für eine Japanerin mit leiser Stimme und großen Augen die Essenz des Buches. „Heute geht diese Zärtlichkeit verloren", meint sie. In Japan sei die Natur kaputt, aber

Heidis Haus

Heidis Zimmer

hier sei sie ursprünglich geblieben. „Doch einfach zur Natur zurückzukehren, ist unmöglich", sagt ein sportlicher Typ. Heidi ist für ihn ein Mythos, der die Sehnsucht nach dem einfachen Leben wach hält. Für drei kichernde Teenager ist die Essenz von Heidi ganz einfach „süß", und sie lassen sich zwischen der Heidi- und Peter-Puppe fotografieren.

Ausflug

Abstecher durch die Weindörfer der Bündner Herrschaft. Von Maienfeld können Weininteressierte oder sportliche Fahrer die Weindörfer der Bündner Herrschaft besuchen. Die schöne, aber auch mit kräftigen Steigungen versehene Strecke führt über die südlichen Nachbardörfer **Jenins** und **Malans** zur alten viertürmigen Wasserburg ***Marschlins***, die leider nicht zu besichtigen ist. In **Zizers** verbindet sich der Ausflug wieder mit der Rheinroute.

Ich fahre vom Heidi-Haus herab nach Maienfeld. Bei einem Spaziergang durch den blitzblanken Ort, begegnen mir knallbunte Radtouristen, und eine autentische Sennerin, die eine Kuhherde durch die Straße treibt, während sie mit Geißen-Peter telefoniert.

Ausflug

Abstecher nach Bad Ragaz. Ich fahre zum Rhein und besuche **Bad Ragaz** auf der linken Rheinseite. Der große Golfplatz hinter der Brücke stimmt auf Luxus ein. Eine säulengeschmückte Trinkhalle aus dem 19. Jh., gepflegte Parks, elegante Cafés und Grand Hotels dienen der Erholung des kranken Gastes, der zur Badekur gekommen ist, die gegen Rheuma und Kreislaufschwäche helfen soll. Gegen die Leukämie half sie nicht, an der Rainer Maria Rilke 1926 verstarb, der sich 1924 in Bad Ragaz aufhielt. Damals rief er aus: „Hier sein ist herrlich", was der Verkehrsverein heute zum Werbeslogan machte. Das Bad bezieht sein 37 Grad heißes Wasser aus einer Quelle in **Pfäfers**. Hier errichteten Mönche im 13. Jh. einen Badebetrieb, in dem auch der berühmte Mediziner und Naturforscher Paracelsus wirkte. Vom Ort kann man einen Spaziergang durch die wilde Schlucht zu dem alten Bad Pfäfers unternehmen.

Links oder rechts des Rheins geht es nach **Landquart**. Vor Landquart muss ich auf das rechte Ufer, unterquere die Autobahn und fahre rechts an der Bahnlinie über die kanalisierte Landquart, dann unter den Gleisen zum Bahnhof. Auf der Rheinseite des Bahnhofs beginnt ein Weg durch einen Auwald und Felder nach **Zizers**. Am Bahnhof unterquere ich zwei Brücken und fahre weiter am Rhein zum Bahnhof **Trimmis**. Hier kreuzt die Route die Bahn und die Autobahn und führt parallel zur Autobahn weiter, bis zu ihrer nächsten Unterquerung. Danach fahre ich am Rhein entlang und komme nach Chur.

Chur erhebt sich auf einem Schuttkegel an der Mündung der Plessur in den Rhein. Er war bereits besiedelt, als die Römer nach blutiger Unterwerfung der Räter den Ort zur Hauptstadt der Rätischen Provinz machten. Im 5. Jh. n. Chr. brachte der legendäre St. Luzius das Christentum an diesen Ort. Er stammte aus Britannien und gründete das südlichste Bistum am Rhein, das lange Zeit zum Erzbistum Mailand gehörte bis es zu Konstanz kam. Diese alte Linie zwischen Oberitalien bis nach England wird noch heute auf nächtlichen Satellitenbildern sichtbar. Auf ihnen erscheint die Zone zwischen Mailand und London als helles energiegeladenes Band, unterbrochen von den dunklen Feldern der Alpen und der Nordsee. Zentrum des Lichtbandes ist der Rhein, die Schlagader der europäischen Kultur. Auf einem Spaziergang durch die ***Altstadt*** von Chur leiten mich gemalte farbige Fußstapfen zu den wichtigen Sehenswürdigkeiten. Da ist das gotische ***Rathaus***, das auch als Markthalle dient und die ***Kathedrale***, deren asymmetrischer Bau und höhlengleiches Gewölbe eine wilde Stimmung verbreiten. Im ***Rätischen Museum*** kann man sich in die 11000 Jahre alte Geschichte des Ortes vertiefen. Beim Spaziergang von der Reichsgasse zum ***Arcas***, dem schönsten Platz der Stadt, versuche ich die Angabe des Verkehrsbüros nachzuprüfen, dass Chur die größte Beizendichte zwischen Zürich und Lugano bietet. Ein wenig Schwierigkeiten habe ich, die Einheimischen zu verstehen. Sie sind stolz auf ihre Version des rätischen Dialekts, dem „Churerwälsch", woraus sich das Wort Kauderwelsch entwickelte.

Verbindung zwischen Nord und Süd

Altdorf
Klausenpass
Erstfeld
Silenen
Amsteg
Oberalpstock
3328
Flims
Tamins
Chur
Domat/Ems
Laax
Ruinaulta
Bonaduz
Reichenau
Valendas
Ilanz/Glion
Breil/Brigels
Tavanasa
Piz Mundaun
2264
Trun
Vorderrhein
Disentis/Mustér
Sedrun
Oberalppass
Tschamut
Medel
Surselva
Toma-See
Badus
2928
Lai da Cunera
Lai da Nalps
Piz Blas
3019
Valser Rhein
Valser Tal
Vals
Churwalden
Parpan
2574
Stätzer Horn
Praz
Hinterrhein
Lenzerheide
Thusis
Vaz/Obervaz
Via Mala
Piz Beverin
2998
Zillis/Reischen
Andeer
Teurihorn
2973
Splügen
San Bernardino
Pass
Hinterrhein
Rheinwald
0
6 km
Steigungsstrecke

Tour 22

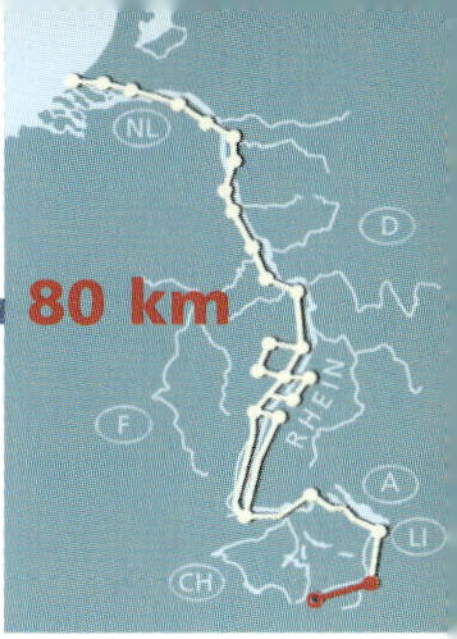

Das Bad in der Quelle

Von Chur zum Toma-See

In Chur trifft ein Rhein-hoch-Radler die wichtige Entscheidung, weiter zur Quelle zu radeln oder sich in den Zug zu setzen und eine traumhafte Fahrt mit der Rätischen Eisenbahn zum Oberalppass zu machen. Von dort führt ein Wanderweg in zwei Stunden zum Toma-See. Ich bin ein Rheinliebhaber und will „meinem" Fluss nahe sein, besonders auf seinen ersten Kilometern. Deshalb verzichte ich auf die Eisenbahn.

Ich verlasse **Chur** zunächst entlang der Plessur, halte mich nach der Bahnlinie halblinks, unterquere die Autobahn und fahre durch die Felder. Bei der Landstraße rechts zur Rheinbrücke, auf dem linken Ufer weiter bis **Felsberg**. Am Ausgang des Dorfes ist der Berghang mit dem Schutt eines Bergsturzes übersäht. Das ging gerade noch einmal gut für den Ort. Der Weg steigt an. Auf dem anderen Ufer liegen die EMS-Werke, die letzte Chemiefabrik auf meiner Reise. Sie gewinnt ihre Energie mit einer eigenen Staustufe aus dem Rhein. Bald geht es auf schattigen Wegen gut bergauf. Immer wieder blinkt der Strom in der Tiefe des Tales durch die Bäume am Wegrand. In **Tamins** erfrischt köstliches Wasser aus dem Dorfbrunnen Haut und Kehle. Jetzt heißt es abwärts rollen, bis zur Rheinbrücke von **Reichenau** fahren. Der Blick von der 1881 erbauten Stahlbrücke ist fantastisch. Nach Nordosten hin fließt dynamisch der jadegrüne Rhein. Er entsteht aus Vorderrhein und Hinterrhein, die auf der anderen Brückenseite zusammenfließen. Von einem Felsen im Park des ***Schlosshotels Reichenau*** betrachte ich, wie die beiden Quellströme sich begegnen und umtanzen. Die beiden Ströme stoßen fast senkrecht aufeinander und bilden einen geschwungenen dreistrahligen Stern, wie im Maßwerk eines gotischen Fensters. Aus Südwesten kommt der Vorderrhein vom Tavetsch, vom Süden der Hinterrhein vom Rheinwaldhorn.

Zum ersten Mal „Rhein" genannt

Kein Ermatten in den Matten

Ausflug

Abstecher zum Hinterrhein. Der Weg am Hinterrhein war vor dem Bau der Passstraße über den St. Gotthard im 19. Jh. die Hauptstrecke nach Italien. Von der Brücke über den Vorderrhein geht es unter einer Eisenbahnlinie hindurch hoch auf die Schwemmterrasse von **Bonaduz**. Hier bleibe ich auf der alten Kantonstraße und komme nach **Rhäzüns**. Nahe am Rhein befindet sich auf einem waldigen Hügel die Kapelle ***Sogn Gieri*** (St. Georg). Sie ist mit großartigen mittelalterlichen Bildern zur St. Georgs-Legende und Schöpfungsgeschichte ausgemalt. Die Kirche ist auch auf einem Feldweg von Bonaduz zu erreichen.

Von Rhäzüns fahre ich auf der alten Kantonstraße am westlichen Rand des von alten Bergstürzen eingeengten Domleschgtals, das die erste Stufe des Hinterrheintals ist. Bei **Rothenbrunnen** weitet sich das Tal. Es ist erst seit etwa 150 Jahren Kulturland, nachdem Korrekturen den Fluss zähmten und Kanalisationssysteme fruchtbares Schwemmland auf dem Kiesboden absetzten. Auf einer Brücke nach Rothenbrunnen kann man den Rhein und die Autobahn queren. Am rechten Ufer des Rheins führt ein ***alternativer Weg*** durch die alten Orte **Paspels**, **Rodels** und **Fürstenau**. Zahlreiche Burgen, die alle im Privatbesitz sind, erinnern an die bewegte Vergangenheit. Zurück zur Route auf der alten Kantonstraße führen Brücken bei Fürstenau oder bei Sils am Ende des Tals. **Thusis** ist mit knapp 3 000 Einwohnern der größte Ort der Region. Jetzt gilt es, die zweite Stufe des Hinterrheintals zu erklimmen. Sie besteht aus einer

Ausflug

Schieferformation, die der junge Hinterrhein durchnagen muss. Die steile Schlucht der ***Via Mala*** ist das Ergebnis. Am „Verloren Loch" gibt es einen schönen Blick in die rauschende Tiefe. Ca. 3 km weiter kommt der Kiosk, wo man auf 250 Stufen in die Tiefe steigen kann. Unten rauscht, zischt und tost der Rhein. Selten wird einem die Kraft des Wassers so dramatisch vor Augen geführt wie zwischen den senkrechten und überhängenden Felswänden, die bis zu 70 m hoch sind. Besonders beeindruckend sind die ***Strudeltöpfe***. Vom Wasser gedrehtes Geschiebe und Steine mahlen meterhohe senkrechte Röhren in den Fels. Bei Hochwasser hat das Wasser auch schon 25 m hoch in der Schlucht gestanden. Heute wird der Wasserstand durch ein Kraftwerk reguliert. Beim Blick nach oben stromaufwärts erkennt man zwei kühne ***Brücken***, die 1739 vollendet wurden. Goethe hat sie auf einer Zeichnung festgehalten. Seine Freundin, Marianne von Willemer, nannte die Schlucht den „schauerlichsten Felsenpass in der ganzen Schweiz." Dramatische Unfälle von Fahrradfahrern und Reitern werden berichtet. Auch Selbstmörder zog der Abgrund an, wie den Soldaten, der seinen Kameraden die Zigarre halten ließ und von der Brücke sprang. Beim Blick von der oberen alten Brücke in die Tiefe der Klamm, gewinnt man nicht nur Achtung vor der Natur, sondern auch vor den Menschen, denen es im Laufe der Jahrhunderte gelungen ist, ihren Weg an diesem Hindernis vorbei zu finden. Am Ende des Aufstiegs weitet sich das Tal. Der Ort **Zillis** hält mit seiner äußerlich schlichten Kirche eine Kostbarkeit bereit.

Wasserwerk

Im nächsten Ort **Andeer** besteht die Möglichkeit, die Muskeln in einem Mineralschwimmbad zu pflegen. Danach wird es wieder steil. Die ***Roffla-schlucht*** markiert die dritte Stufe des Hinterrheintals. In Serpentinen geht es bergauf. Auf halben Weg steht ein Gasthaus. Von der holzgetäfelten Gaststube führt eine Tür „Zum ***Wasserfall***". Für 2,50 SFr darf ich hindurch und bin auf einem Gallerieweg, den ein Wirt des Gasthofes von 1907–14 aus dem Berg gesprengt und gemeißelt hat. Er führt tief in die Schlucht und sogar hinter den Hinterrhein, der von einem Felsvor-

Die Bilderdecke von Zillis

In der kleinen Hallenkirche **St. Martin** *geht der Blick unwillkürlich nach oben. Die Kastendecke besteht aus neun mal siebzehn quadratischen Bildtafeln von 90 cm Kantenlänge. Vielleicht sind es 153 in Bezug auf die Anzahl der Fische, die Petrus beim nachösterlichen Fischfang aus dem Wasser zog. Das Wasser bildet den Rahmen für die Bilderzählung, die das Leben Jesu von der Geburt bis zur Passion, aber ohne Kreuzigungstafel, erzählt. Die Geschichte kann fortlaufend von links nach rechts gelesen werden. In den Wasserszenen auf den Tafeln am Rand ziehen groteske Fabelwesen Menschen in den Abgrund. Die Bilder sind schwungvoll in erdigen Tönen gemalt. Mit einfachen Linien haben der oder die Künstler ausdrucksvolle, faszinierende Gestalten geschaffen. Auf dem beschwerlichen Weg über die Berge war diese Kirche ein Ort der Hoffnung, nicht den Dämonen der Tiefe zu erliegen. Die Bilder sind um 1150 entstanden und hervorragend erhalten. Noch – denn was Jahrhunderte hielt, droht nun durch Pilze vernichtet zu werden. Die Erwärmung der Atmosphäre bringt nicht nur mehr Regen, schiebt die Frostlinie nach oben und lässt Erdrutsche entstehen, sondern fördert auch die Lebensbedingungen der Pilze, die sich in die alten Farben setzen.*

Wasser
Reflexion

Ausflug

sprung in die Tiefe fällt. Nach der Rofflaschlucht wird es richtig steil auf den Serpentinen der Kantonstraße. Sie unterquert zweimal die Autobahn, bis ich **Splügen** erreiche. Hier zweigt der Weg zum Splügenpass ab, der nach Chiavenna in Italien führt. Nach weiteren 10 km das Tal aufwärts mit Blick auf das Rheinwaldhorn erreiche ich den Ort **Hinterrhein**. Ich sehe die Autobahn im San Bernardino-Tunnel verschwinden, lasse die alte Passstraße links liegen und folge der Straße am Hinterrhein. Aber nicht lange, denn nun komme ich in Militärgelände. Nur sonntags ist das Betreten des Geländes möglich. Es empfiehlt sich ein Anruf bei der Kommandantur (Tel. 0041-816-601 111). Der Weg führt über Schotterstraßen am munter talwärts springenden Flüsschen entlang. Zahlreiche Bäche und ein Wasserfall sprudeln ihm zu. Schließlich beendet ein Lehmhügel die Weiterfahrt. Bergwanderer, die dem Fluss folgen wollen, wandern 10 km bis zur ***Zapporthütte***. Auf einer „Ursprung" genannten Hochebene, 5 km westlich von der Hütte, sammeln sich die Abflüsse des Paradiesgletschers. So entsteht aus zahllosen Bächen und Rinnsalen der Hinterrhein.

Hinterrheintal

Der ***Weg zur Quelle des Vorderrheins*** beginnt in **Reichenau** auf der Brücke über den Vorderrhein. Ich unterquere eine Bahnlinie und trete eine knackige Steigung zur Schwemmterrasse hoch, auf der **Bonaduz** liegt. Am Anfang des Ortes nehme ich die Abzweigung Richtung **Versam** und **Ilanz**. Nun geht es durch einen Wald stetig bergauf. Nach 6 km lichtet sich der Wald, und ich stehe an einem Abgrund, und zwar dem schönsten der Schweiz. Ungefähr 200 m unter mir fließt der türkisfarbene Vorderrhein in einem grauen Kiesbett eingerahmt von steilen, bewaldeten Hängen, aus denen bizarre, graue Felszinnen ragen. Nach 300 m Panoramaweg geht es durch ein in den Fels geschlagenes Tor abwärts zu einer Brücke über die tiefe Schlucht des Rabiusa Flüsschens. Danach heißt es kräftig klettern durch Wald und Wiesen bis nach **Versam**. Am Anfang des Bergdorfes lädt ein Wirtshaus zur verdienten Pause ein. Auch hinter Versam geht die Kletterei noch 1 km weiter, doch dann

Vorderrhein im Schotterbett

Flimser Bergsturz

Bergstürze sind Steinschläge von gigantischem Ausmaß. Der größte Bergsturz Europas ereignete sich im Vorderrheintal zwischen dem heutigen Reichenau und Ilanz am Ende der letzten Eiszeit vor 10 000 Jahren. Als die Gletscher sich zurückzogen, nahm der Druck auf die Talwände ab, die Dauerfrostböden tauten, und große Wassermassen wurden frei. In einem etwa 12 km langen Gebiet begannen die gelockerten Felsmassen ins Tal zu rutschen. Im Verlauf mehrerer hundert Jahre gingen ca. 15 km^3 Gestein zu Tal. Der Abfluss des Rheins war blockiert. Er bildete einen See, der bis zum heutigen Ort Trun, 20 km stromaufwärts, reichte und begann sich durch den Schuttberg durchzubeißen. So entstand die Ruinaulta (hohe Ruine) genannte Schlucht mit bis zu 400 m hohen Steilwänden aus pulverisiertem und wieder gepresstem Kalkgestein. Die weitere Verwitterung und die Vegetation halfen mit, eine außergewöhnliche Landschaft zu formen. Für eine Straße oder nur einen Wanderweg ist auf der Talsohle kein Platz. Nur die rote Rätische Eisenbahn fährt am Ufer entlang. Schlauchbootfahrer können von Ilanz in geführten Touren die Ruinaulta durchpaddeln.

kann ich es kilometerweit rollen lassen. Saftige Wiesen, dunkle Wälder und Berge gleiten vorbei. Es ist eine Pracht. In **Valendas** halte ich am ***Dorfbrunnen***. Mit 10 m Länge und 5 m Breite ist es der größte Holzbrunnen Europas. Eine barbusige Nixe mit Schlapphut und Tulpenstrauß wacht seit 1760 über das Wasser. Sie hat zwei Schwänze. „Vermutlich ein Hinweis auf die Quellen, die das Dorf versorgen", sagt eine Einheimische. „Warum werden immer wieder Frauen mit Wasser in Verbin-

Schwänze für die Quellen

dung gebracht?" Die Frau am Brunnen vermutet, „weil sie immer am Putzen sind. Das könnte sein, könnte ...".

Lange 7 km geht es nun bergab durch die Matten, im Hintergrund Wälder und graue Felsgesichter des Bergsturzes, bis ich nach **Ilanz** einrolle. Am Stadtbrunnen mache ich mich frisch und freue mich an dem Stadtwappen. Auf rotem Grund fließt der blaue Rhein durch eine Krone. Ilanz ist die erste Stadt am Rhein. Ein- bis zweimal pro Monat findet ein Vieh- und Warenmarkt statt, der ein wichtiger Treffpunkt der Menschen aus den umliegenden Talschaften ist. Das Ilanzer Wappen findet sich wieder auf dem Obertor und in der ***Margarethenkirche***. Äußerlich ein trutziger Bau, hat sie durch das gotische Sterngewölbe, das mit Blumen und Fruchtornamenten verziert ist, ein heiteres Inneres.

Ich verlasse **Ilanz** auf der Straße an der Bahnlinie. Nach der Eisenbahnbrücke und den letzten Häusern geht die Straße in einen unbefestigten, aber gut fahrbaren Waldweg über. Der Anblick des Rheins ist ein Schock. Wie ein abgemagerter Mann in zu großem Anzug fließt er durch die Steine eines zu breiten Bettes. Er führt nur noch einen kleinen Teil seines Wassers. Der andere Teil wird durch Stollen in Kraftwerksturbinen geleitet. Erst bei Ilanz bekommt der Rhein sein Wasser zurück. 12 km hinter Ilanz ist der ruhige Weg durch Wald und Felder bei **Tavanasa** zu Ende. Hier steht eines der großen Wasserkraftwerke. Nach Voranmeldung kann man das Werk Tavanasa oder die benachbarten Kraftwerke in Ilanz oder Sedrun besichtigen. Ich überquere bei Tavanasa den Rhein und folge seinem Ufer auf einem einsamen, unbefestigten Weg am Fuße der Bergwiesen, der drei kräftige kurze Anstiege bis **Trun** verlangt.

Rhein in der Krone

Bei schlechtem Wetter sollte man auf die Kantonstraße am rechten Ufer ausweichen. Trun ist ein altes Dorf, in dem der „Graue Bund" 1424 gegründet wurde. Die „Grauen Puren" wurden die Bauern wegen ihrer aus weißer und schwarzer Schafswolle gewebten Loden genannt. Aus ihrem Bund entstand die „Rätische Alpenrepublik", die sich erst 1803 als Kanton Graubünden den Eidgenossen anschloss. Am Ortseingang überquere ich Kantonstraße und Eisenbahnlinie, passiere den Campingplatz und ein Sägewerk. Der Landwirtschaftsweg führt mich wieder über den Rhein aufs rechte Ufer durch einen Wald. Ich überquere die Mündung des wasserreichen Rein da Sumvitg in den Vorderrhein. Er ist einer von 13 Rheinen im Bereich des Vorderrheins.

In **Surrein** fahre ich in der Ortsmitte links. Surselva, „Oberhalb des Waldes" nennen die Rätoromanen die Hochtäler zwischen Flims und dem Toma-See. Der Weg führt mich über den Vorderrhein nach **Cumpadials** und gleich wieder auf kleiner Abfahrt ans rechte Ufer zurück. Nun müssen fast 200 m Höhe auf 3 km überwunden werden. Als mich sanftes Glockenläuten wie Sphärenmusik in dem Dörfchen **Caravardiras** empfängt und der Blick weit über die tiefe Talschlucht zum Kloster Disentis auf der gegenüberliegenden Höhe gleitet, ist alle Anstrengung vergessen.

Vom Kraftwerk aus dem Bett geholt

Eine steile Abfahrt bringt mich zur Talsohle. Die bewaldeten Kiesinseln sind Schutzgebiet für Wasservögel. Doch das Wasser ist auch hier knapp geworden. Nun geht es wieder bergauf. Die sehr groß geratene Barockkirche von **Disentis** tanzt mir vor Augen, wenn ich in die Pedale trete. „Desertina", Einsamkeit, nannte um 700 der fränkische Mönch Sigisbert diesen Ort und ließ sich nieder. Aus der Zelle wurde ein Benediktinerkloster. Der Mönch Placidus Spescha durchstreifte die Berge und sammelte Minerale. Ihm ist die großartige Kristall- und Mineraliensammlung zu verdanken, die im ***Klostermuseum*** zu besichtigen ist.

Vom urbanen **Disentis** führt die Route auf der stark befahrenen Passstraße nach Sedrun. Leider gibt es keinen anderen Weg. Es geht gut voran, denn die Steigungen sind meistens mäßig (150 m auf 9 km), der Asphalt glatt und die Aussicht prächtig. **Sedrun** ist ein Sommer- und

Wintererholungsort mit reellen Restaurants und Hotels. Das ***Heimatmuseum La Tuaisch*** gibt einen starken Eindruck vom früheren rauen Leben im Tavetsch, wie der Talabschnitt heißt. Von Sedrun sehe ich den umwölkten Badus, wo der Vorderrhein entspringt. Zum nächsten Ort **Tschamut** sind es noch 8 km und 160 m Höhenunterschied. Bemerkenswert ist ein Golfplatz tief unten im Tal. Tschamut ist das letzte Dorf vor dem Pass. Tiefbraune Holzhäuser klammern sich an die Felsen. Im Tal der Bach, der Rhein genannt wird. Ich mache im „Hotel Rheinquelle" Rast. Seit hundert Jahren sitzen hier Wanderer und Reisende in der Gaststube.

Schluchten und Golflöcher

Um mit dem Rad zur Quelle zu kommen, fahre ich weiter den Berg auf der Passstraße hoch. An der Hütte der Ziegenhirten gibt es nicht nur ein Stück Käse, sondern auch eine Antwort auf die Frage: Welche Eigenschaft hat eine Ziege, dass man sie auf Frauen überträgt, die man zickig nennt? „Sie ist kapriziös", sagt einer der Fachleute. Launisch ist auch der Berg, auf den ich will. Er verhüllt sich in Nebelschleiern. Hinter der Hütte der Hirten nehme ich eine Straße, die links von der Passstraße abgeht. Im Hintergrund glänzt das graue Bett des Vorderrheins am Berghang. Sein Wasser ist bereits zum größten Teil in den Fassungen des Kraftwerks verschwunden.

Bei den Ziegenställen geht es rechts hoch auf einem Schotterweg bergan. Die Ziegen glotzen mich an, bimmeln, wenn ich klingele und machen nur unwillig Platz.

Vom Gletscher gerundetes Vorderrheintal

Immer steiler geht es aufwärts. Von Zeit zu Zeit muss ich schieben. Ich mache diese Tour Mitte August und komme an einer Schneewächte vorbei, die von einem Bach untertunnelt wird. Ich klettere weiter und komme auf eine Hochebene, Plidutscha genannt. Murmeltiere signalisieren pfeifend meine Ankunft. Und da ist er plötzlich wieder, der Rhein. 2 m breit, fröhlich plätschernd, passiert er seine erste kleine Brücke und hüpft gen Osten.

Dem Berg entspringen

Ich blicke nach Westen. Der Rhein springt in einer tiefen Kerbe wohl 200 m tief einen Felshang hinunter. Ich fahre noch ein kurzes Stück. Dann zeigt ein Wegweiser zum **Lai da Tuma**, dem Toma-See. Den Rest des Weges muss ich zu Fuß gehen. Der schmale Bergpfad ist nicht fahrradtauglich. Der Nebel wird immer dichter. Ich begegne einem jungen Mann aus Bonn, der vom Toma-See kommt. „Da lag ein großes grünes Auge in einer Mulde und hat mich angestarrt", sagt er, „und ich hab zurückgestarrt. Und dann war ich sehr neugierig, meine Hände reinzuhalten." Er geht weiter in dem Bewusstsein, dass alle Wasser, die hier vorbeirauschen, demnächst auch an seiner Heimatstadt vorbeifließen.

Ich klettere weiter und komme an die tiefe V-förmige Kerbe, in der der Fluss wie mit einem Kopfsprung seinen Weg beginnt. Ein paar Schritte um die Felsen herum geht das Rauschen in ein sanftes Gluggern über. Hier ist die Stelle, an der der See überläuft. Zwischen braunen flachen

Jetzt geht's los!

Felsen auf 3 m Breite ist der Übergang vom stillen zum fließenden Wasser. Der See hüllt sich in Nebelschwaden. Ein Pfad führt am Ufer entlang, beschriftet mit rot-weißen Schildern, die zur Badushütte führen. Ich komme an eine Wiese, die von Wasserläufen durchzogen ist, die den See speisen. Langsam hebt sich der Nebel. Der See ist ungefähr so groß wie ein Fußballplatz. Ich bin 2 345 m über der Nordsee und 1 320 km weit gefahren. Ich messe die Temperatur: Es sind frische 8 Grad. Das Wasser schmeckt nachhaltig nach Mineralien.

Im Ziel

Ich klettere auf die Anhöhe und betrachte den blau-grünen See, den Schlauch des Abflusses ziemlich genau im Osten, das Oval seiner Ufer und das breite, grüne Wiesenpolster im Westen, das wie ein Schwamm die Wasser der Höhe ansaugt. Er erinnert an ein Herz. Ringsherum umgeben ihn Felswände wie die Ränge eines Theaters.

Der Auftritt des Rheins in der Weltgeschichte vor 2 000 Jahren hatte große Folgen für Politik, Wirtschaft, Religion und Künste. Hier oben wird er Rein und Rin genannt, in Holland Rijn, dazwischen Rhein, Rhin, Rhy, Rhine oder Rhenus. Die Menschen an seinen 1 320 km langen Ufern haben sich auf eine ähnlich klingende Silbe geeinigt. Ob sie von einem keltischen Wort für rinnen oder vom griechischen „rein" für fließen abstammt, bleibt ein Geheimnis. „Alles fließt" lautet ein alter philosophischer Grundsatz.

Ich will ihm folgen, kehre ans Ufer zurück, entkleide mich und stapfe ins Wasser. Die ersten 20 m geht es nur bis zum Knie. Dann wird das Wasser tief und sehr, sehr frisch.

Aus vollem Herzen

Infoteil

- Vorwahl Deutschland: 0049

12. Tour: Von Mainz linksrheinisch nach Speyer

Nackenheim, Ortsgemeinde Nackenheim, Carl-Zuckmayer-Platz 1, 55299 Nackenheim, Tel. 06135-5625, Fax 06135-802 57, www.nackenheim.de

Carl-Zuckmayer-Gesellschaft, Postfach 33, 55297 Nackenheim, Tel. 06135-8538

Nierstein, Verkehrsamt, Bildstockstraße 10, 55283 Nierstein, Tel. 06133-960 506, www.nierstein.de

Paläontologisches Museum, Marktplatz 1, Tel. 06133-583 12, So 11-16h, u. n. Vereinbarung

Niersteiner Weinspiegel, Bildstockstraße 19, Tel. 06133-5111

Oppenheim, Tourist Information, Merianstraße 2, 55276 Oppenheim, Tel. 06133-490 914, www.oppenheim.de

Katharinenkirche, Katharinenstraße 1, Tel. 06133-926 685, Sommer: tägl. 8-18h, Winter: tägl. 9-17h

Beinhaus, siehe Katharinenkirche

Deutsches Weinbaumuseum, Wormserstraße 49, Tel. 06133-2544, Di-So 13-17h

Worms, Stadtinformation, Neumarkt 14, 67547 Worms, Tel. 06241-250 45, Fax 06241-263 28, www.worms.de

Nibelungenmuseum, Fischerpförtchen 10, 67547 Worms, Tel. 06241-202 120, Di-Do, Sa 10-17h, Fr 10-22h

Kaiserdom St. Peter, Nov.-März: Mo-Fr 9-17h, Apr.-Okt.: Mo-Fr 9-18h, Sa 9-15h, So 13-17h

Wormser Synagoge, Am Synagogenplatz, 67547 Worms, Tel. 06241-853 47 07, Apr.-Okt.:10-12.30h, 13.30-17h, Nov.-März: 10-12h, 14-16h

Judaica-Museum, Raschi-Haus, Hintere Judengasse 6, 67547 Worms, Tel. 06241-853 47 01, Fax 06241-853 47 10, Nov.-März: Di-So 10-12.30h, 13.30-16.30h, Apr.-Okt.: Di-So 10-12.30h, 13.30-17h

Stadtarchiv, im Raschi-Haus

Kunsthaus Heylshof, Stephansgasse 9, 67547 Worms, Tel. 06241-220 00, Okt.-Apr.: Di-Sa 14-16h, So 10-12h, 14-16h, Mai-Sept.: Di-So 10-17h

Stadtmuseum und Städtische Gemäldegalerie im Andreasstift, Weckerlingplatz 7, 67547 Worms, Tel. 06241-946 390, Fax 06241-240 68, Di-So 10-17h

Alternative Route:

Ludwigshafen, Tourist Information, Bahnhofstraße 119, 67059 Ludwigshafen, Tel. 0621-512 035, Fax 0621-624 295, www.ludwigshafen.de

Wilhelm-Hack-Museum, Berliner Straße 23, 67059 Ludwigshafen, Tel. 0621-504 34 11, Di-So 10-17.30h, Do bis 20h

Stadtmuseum, Rathaus-Center, Rathausplatz 20, 67059 Ludwigshafen, Tel. 0621-504 25 74, Di-So 10-17.30h, Do bis 20h

Schillerhaus, Ortsteil Oggersheim, Tel. 0621-504 272, Di 17-20h, Mi-Fr 14-17h, Sa/So 10-12h

Mannheim, Tourist Information, Willy-Brandt-Platz 3, 68161 Mannheim, Tel. 0621-101 011, Fax 0621-241 41

Schloss Mannheim, Tel. 0621-292 28 93, Apr.-Okt.: Di-So 10-11.30h, 15-16.30h, Nov.-März: Sa/So 10-11.30h, 15-16.30h

Reiß-Engelhorn-Museen, Zeughaus C 5, 68159 Mannheim, Tel. 0621-293 31 50/51, Di/Do 10-17h, Mi 10-20h, Fr 10-13h, Sa 12-17h, So 10-18h

Städtische Kunsthalle, Moltkestraße 9, 68161 Mannheim, Tel. 0621-293 64 13, Di-So 10-17h, Do 12-17h

Mannheimer Kunstverein, Augustaanlage 58, 68165 Mannheim, Tel. 0621-402 208, Di-Fr 12-18h, Mi 12-20h, Sa/So 10-17h

Landesmuseum für Technik und Arbeit, Museumsstraße1, 68165 Mannheim, Tel. 0621-429 87 30, Di-Fr 9.15-17h, Sa/So 10-17h, Mi 9.15-20h

Museumsschiff Mannheim, Neckarufer, unterhalb Kurpfalzbrücke, Tel. 0621-292 20 25

Planetarium, Wilhelm-Varnholt-Allee, Tel. 0621-415 692

Luisenpark am Neckarufer, tägl. 9h bis Einbruch der Dämmerung

Speyer, Verkehrsamt, Maximilianstraße 11, 67346 Speyer, Tel. 06232-142 392, Fax 06232-142 332, www.speyer.de

Dom zu Speyer, Info unter 06232-100 92 18, Fax 06232-100 92 19, Apr.-Okt.: Mo-Fr 9-19h, Sa 9-18h, So 13.30-18h, Nov.-März: tägl. 9-17h

Jüdisches Bad, Judenbadgasse, Tel. 06232-291 971, tägl. 10-17h

Technik-Museum, Geibstraße 2, Tel. 06232-670 80, tägl. 9-18h

Historisches Museum der Pfalz, Große Pfaffengasse 10, Tel. 06232-132 50, Mo/Di, Do-So 9-17h, Mi 9-20h

Anselm Feuerbachhaus, Allerheiligenstraße 9, Tel. 06232-704 48, Mo-Fr 16-18h, So 11-13h

Fastnachtsmuseum, Wormser Landstraße 265, Tel. 06232-751 82, Mi und jeden 2. So im Monat 9-12h, 14-17h

13. Tour: Von Speyer linksrheinisch nach Lauterbourg

Germersheim, Touristik und Verkehrsverein, Luitpoldplatz 1, 76727 Germersheim, Tel. 07274-532 32, Fax 07274-533 61, www.germersheim.de

Fronte Becker, Stadt- und Festungsmuseum im Ludwigstor, Tel. 07274-960 220, Apr.-Nov.: jeden 1. Sonntag 10-17h, jeden Mittwoch 14-18h

Straßenmuseum Rheinland-Pfalz im Zeughaus, Tel. 07274-500 500, Fax 07274-500 505, Di-Fr 10-18 h, Sa/So 11-18h, www.Deutsches-Strassenmuseum.de

14. Tour: Alternative Route rechtsrheinisch über Karlsruhe, Rastatt nach Iffezheim

Karlsruhe, Stadtinformation, Karl-Friedrich-Straße 22, 76133 Karlsruhe, Tel. 0721-355 343 76, www.karlsruhe.de

Badisches Landesmuseum im Schloss, Schlossplatz, 76133 Karlsruhe, Tel. 0721-926 65 14, Di-Do 10-17h, Fr-So 10-18h

Bundesverfassungsgericht, Schlossbezirk 3, 76131 Karlsruhe, Tel. 0721-910 10, Fax 0721-910 14 00, bverfg@bundesverfassungsgericht.de. Es ist möglich, eine Verhandlung zu besuchen. Anmeldung per Fax oder E-mail unter Angabe der Personalien und der Personalausweisnummer.

Bundesgerichtshof, Herrenstraße 45 a, 76133 Karlsruhe, Tel. 0721-1590, Fax 0721-910 13 49. Es ist möglich, eine Verhandlung zu besuchen. Anmeldung per Fax unter Angabe der Personalien und Telefonnummer.

Zentrum für Kunst- und Medientechnologie (ZKM), Lorenzstraße 19, 76135 Karlsruhe, Tel. 0721-810 00, Mi 10-20h, Do/Fr 10-18h, Sa/So 11-18h

Das Fest findet an einem Wochenende im Juli in der Günther-Klotz-Anlage bei der Europahalle statt, Info unter Tel. 0721-811 016

Staatliche Kunsthalle und Orangerie, Hans-Thoma-Straße 2-6, 76133 Karlsruhe, Tel. 0721-926 33 55, Fax 0721-926 67 88, Di-So 10-17h, Sa/So 10-18h, www.kunsthalle-karlsruhe.de

Museum beim Markt, Karl-Friedrich-Straße 6, 76133 Karlsruhe, Tel. 0721-926 665 78, Di-Do 11-17h, Fr-So 10-18h

Majolika Museum, Ahaweg 6, 76131 Karlsruhe, Tel. 0721-270 11, Di-So 10-13h, 14-17h

Badischer Kunstverein, Waldstraße 3, 76133 Karlsruhe, Tel. 0721-282 26, Di-So 10-13h, 14-18h, Do 9-21h

Museum für Literatur am Oberrhein, Karlstraße10, 76133 Karlsruhe, Tel. 0721-133 40 87, Fax 0721-133 40 89, Di/Mi/Fr/So 10-18h, Do 10-19h, Sa 14-18h

Naturkundemuseum, Erbprinzenstraße 13, 76133 Karlsruhe, Tel. 0721-175 21 11, Fax 0721-175 21 10, Di-Fr 9.30-17h, Sa/So 10-18h, www.naturkundemuseum-karlsruhe.de

Verkehrsmuseum, Walderstraße 63, 76133 Karlsruhe, Tel. 0721-374 435, Mi 15-18h, So 10-13h

Zoologischer Stadtgarten, Tel. 0721-133 68 15

Botanischer Garten, Hans-Thoma-Straße 6, Tel. 0721-135 30 08, Di-Fr 9-16h, Sa/So 9-12h, 13-16h

Restaurants:

- ***Café Wien***, Fasanenstraße 6, 76131 Karlsruhe, Tel. 0721-374 452
- ***Badische Weinstube*** im Schlossgarten, Tel. 0721-607 879
- ***Pfälzer Weinstube***, Wilhelmstraße 17, 76137 Karlsruhe, Tel. 0721-358 879
- ***Kap***, Kapellenstraße 68, 76131 Karlsruhe, Tel. 0721-321 66
- ***Biergarten Criticize***, Lisztstraße 14, 76185 Karlsruhe, Tel. 0721-594 133
- ***Club Le Carambolage***, Kaiserstraße 21, 76131 Karlsruhe, Tel. 0721-373 227
- ***Restaurant Erbprinz***, Rheinstraße 1, 76275 Ettlingen, Tel. 07243-3220

Rastatt, Tourist Information, Herrenstraße 18 (Schloss), 76437 Rastatt, Tel. 07222-972 462, Fax 07222-972 118, www.rastatt.de

Internationales Straßentheater-Festival, Info unter Festivalbüro tête-à-tête, Postfach 1263, 76402 Rastatt, Tel. 07222-972 480

Rathaus, Marktplatz 1, 76437 Rastatt, Mo-Fr, keine Führung

Stadtkirche St. Alexander, Schlossstraße 5, 76437 Rastatt, Tel. 07222-321 67

Schloss Rastatt, Herrenstraße 18, 76437 Rastatt, Service Center Schloss Rastatt, Tel. 07222-934 170, Fax 07222-93 41 71, Führungen jew. stündl., Apr.-Okt.: Di-So 10-17h, Nov.-März: Di-So 10-16h

Lustschloss Favorite (Niederbühl-Förch), Tel. 07222-412 07, März-Sept.: 9-17h

Wehrgeschichtliches Museum, Herrenstraße 18, 76437 Rastatt, Tel. 07222-771 390, Di-So 9.30-17h, www.freiheitsmuseum-rastatt.de

Stadtmuseum, Herrenstraße 11, 76437 Rastatt, Tel. 07222-972 440, Fax 07222-972 128, Mi/Fr/So 10-12h, 15-17h

Barockresidenz, Herrenstraße, Tel. 07222-978 385, Di-So 9.30-17h

Städtische Galerie Fruchthalle (Kunst in Baden nach 1945), Kaiserstraße 48, 76437 Rastatt, Tel. 07222-972 441, Fax 07222-972 466, Di-So 10-17h

Riedmuseum Ottersdorf, Am Kirchplatz, 76437 Rastatt, Tel. 07222-972 440, Fax 07222-972 128, Fr-So 14-18h

Iffezheim, Bürgermeisteramt, Hauptstraße 54, 76473 Iffezheim, Tel. 07229-6050, www.iffezheim.de

15. Tour: Alternative Route von Speyer durch die Pfalz nach Lauterbourg

Hassloch, Tourist Information, Langgasse 64, 67454 Hassloch, Tel. 06324-935 225/320, Fax 06324-935 201

Christuskirche, Hassloch, Tel. 06324-802 37

Heimatmuseum, Gillergasse 11, Info unter Tel. 06324-981 613, Apr.-Nov.: 1. und 3. So 14-17h

Mußbach, Tourist Information, Hetzelstraße 1, 67433 Neustadt, Tel. 06321-926 892, Fax 06321-926 891, www.mussbach.de

Weinfest, 4-tägiges Fest immer Anfang August in Mußbach, Info bei der Tourist Information

Neustadt / Weinstraße, Tourist Information, Hetzelstraße 1, 67433 Neustadt, Tel. 06321-926 892, Fax 06321-926 891, www.neustadt.pfalz.com

Casimirianum, Ludwigstraße 1, Tel. 06321-355 844

Weinbaumuseum im Herrenhof, Tel. 06321-963 99 90, Besichtigung nach Vereinbarung

Otto-Dill-Museum, Ecke Bachgängel 8/Rathausstraße, Tel. 06321-398 321, Mi 17-19h, Fr 18-20h, Sa 14-18h, So 11-18h

Eisenbahnmuseum, Schillerstraße, Tel. 06321-303 90, Sa/So 10-16h

Schloss Hambach, Tel. 06321-308 81 oder 0180-585 858, März-Okt.: tägl. 10-18h

Theaterfestival im Hambacher Schloss, www.theaterfestival-hambach.de

Edenkoben, Südliche Weinstraße e.V., Büro für Tourismus, Poststraße 23, 67480 Edenkoben, Tel. 06323-959 222

Villa Ludwigshöhe, Tel./Fax 0261-974 24 40 oder 0180-588 13 60, Apr.-Sept.: 10-18h, Okt.-März: 10-17h

Max-Slevogt-Galerie (in der Villa Ludwigshöhe)

Museum für Weinbau und Stadtgeschichte, Weinstraße 107, 67480 Edenkoben, Tel. 06323-815 14, Fax 06323-959 288, Apr.-Okt.: Fr 16-19h, Sa 15-18h, So 14-17h, Nov.-März: So 14-17h

Leinsweiler, Tourist Information im Haus des Gastes, Hauptstraße 4, 76829 Leinsweiler, Tel. 06345-3531

Slevogthof, 76829 Leinsweiler, Tel. 06345-3685, Führungen Karsamstag-01. Nov.: 11.15h, 13.30h, Sa/So zusätzlich 16h

Birkweiler, Gemeindeverwaltung Birkweiler, Verbandsgemeinde Landau-Land, 76831 Birkweiler, Tel. 06341-1430

Burg Trifels, Burgverwaltung Trifels, 76855 Annweiler, Tel. 06346-8470, Karwoche-Sept.: 10-18h, Okt./Nov. und 01. Jan.-So vor Ostern: 10-17h, Dez. geschlossen

Klingenmünster, Verein für Fremdenverkehr, Wein und Kultur, Rathaus, Steinstraße 2, 76889 Klingenmünster, Tel./Fax 06349-928 092, www.klingenmuenster.de

Burg Landeck, Burgschänke, tägl. ab 10h

Bad Bergzabern, Büro für Tourismus, Kurtalstraße 27, 76887 Bad Bergzabern, Tel. 06343-934 00, Fax 06343-934 022, www.badbergzabern.de

Petronella Therme, s. Büro für Tourismus, 9-21h

Westwall Museum, Kurfürstenstraße, Tel. 06398-367, So 10-16h

Zinnfigurenmuseum, Marktstraße 14, Tel. 06343-939 172, Mo-Fr 9-12.30h, 14-18h, Sa 9-12h

- **Vorwahl Frankreich: 0033**

Wissembourg, Office de Tourisme, 9, Place de la République, 67160 Wissembourg, Tel. 0388-941 011

St. Pierre et St. Paul Kirche, rue de Soupréfecture, tägl. 14-18h

Rathaus, 11, Place de la République, Tel. 0388-548 787, Mo-Fr 9-12h, 14-17h

Haus Westercamp–Stadtmuseum, 3, rue de Musée, Tel. 0388-542 814, Mo/Mi/Do 14-18h, Fr/Sa 9-12h, 14-18h, So 10-12h, 14-18h

16. Tour: Von Lauterbourg linksrheinisch nach Straßburg

Lauterbourg, Office de Tourisme, 21, rue de la Première Armées, 67630 Lauterbourg, Tel. 0388-946 610

Dreifaltigkeitskirche, rue de l'Église, Lauterbourg, tägl. 9-18h

Pulverkirchlein, rue de Temple, Lauterbourg

Sessenheim, www.sessenheim.net

Goethemuseum, Musée Goethe de l'Auberge „A Boeuf", Tel. 0388-869 714

Straßburg, Office de Tourisme, Place de la Cathédrale 17, 67000 Strasbourg, Tel. 0388-522 822, www.strasbourg.fr

Orangerie, Parc de l'Orangerie, 67000 Strasbourg

Europäisches Parlament, Allée du Preton, Tel. 0388-174 001, www.europarl.en.int, Epstrasbourg@europarl.eu.int

Europäischer Gerichtshof für Menschenrechte, Tel. 0388-412 018, Fax 0388-175 184

Straßburger Münster, Tel. 0388-522 828, tägl. 7-11.30h, 12.30-19h

Museum für moderne Kunst, 1, Place Hans-Jean Arp, Tel. 0388-233 131, Di-So 11-19h, Do 12-22h

Rohanschloss, 2, Place du Château, tägl. außer Di 10-18h

Frauenhausmuseum, 3, Place du Château, Tel. 0388-525 004, Di-Sa 10-12h, 13.30-18h, So 10-17h

Elsässisches Museum, 23, Quai St. Nicolas, Tel. 0388-525 000, tägl. außer Di 10-12h, 13.30-18h, So 10-17h

Museum für Kunstgewerbe (Musée des Arts décoratifs), 2, Place du Château, Tel. 0388-525 004, tägl. außer Di 10-12h, 13.30-18h

Museum der Schönen Künste (Musée des Beaux Arts), s. Museum für Kunstgewerbe

Archäologische Museum (Musée Archéologique), s. Museum für Kunstgewerbe

Planetarium, rue de l'Observatoire, Tel. 0388-212 040, tägl. außer Di 9-12h, 14-17h, Sa/So 14-18h

Haus Kammerzell, 16, Place de la Cathédrale, Tel. 0388-324 214, www.maisonkammerzell.com

Kirche Saint Pierre le Jeune, Place Saint Pierre le Jeune, Tel. 0388-522 828, Apr.-Okt.: Di-Sa 10-12h, 13-18h, So 14.30-18h

Kirche Saint Thomas, rue Martin Luther, Tel. 0388-522 828, Apr.-Nov.: 10-12h, 14-18h, Dez./März: 10-12h, 14-17h, Jan./Febr. 14-17h

Le Jardin Botanique, 28, rue Goethe, Tel. 0388-358 367, Mo-Fr 8-11.45h, 14-17h, So 8-11.45h

Restaurants:

- ***Weinstube Zum Strissel***, 5, Place de la Grande-Boucherie, Tel. 0388-321 473
- ***Hailich Grab***, 15, rue des Orfèvres, Tel. 0388-323 937
- ***Crocodile***, 10, rue de l'Outre, Tel. 0388-321 302

- **Vorwahl Deutschland: 0049**

17. Tour: Rechtsrheinisch von Straßburg über Kehl und Breisach nach Basel

Kehl, Kultur- und Verkehrsamt, Pavillon am Marktplatz, 77694 Kehl, Tel. 07851-882 26, Fax 07851-2140, www.kehl.de

Hanauer Museum, Friedhofstraße 5, Tel. 07851-787 83, So 14-17h, u. n. Vereinbarung

Handwerksmuseum Kork, Oberdorfstraße 8, 77694 Kehl-Kork, Tel. 07851-956 640, So 14-17h

Rust, Verkehrsamt Rust, Fischerstraße 51, 77977 Rust, Tel. 07822-610 41, Fax 07822-610 42,www.rust.de

Taubergießen, Bernhard Koch, Tel. 07822-613 32/618 78, Bootsfahrten 75,- EUR für max. 10 Personen

Europapark Rust, Tel. 07822-776 677, März-Nov.: tägl. 9-18h

Whyl, Familie Bindner, Tel. 07642-3489

Sasbach, Tourist Information, Maienstraße 14, 77880 Sasbach-Obersasbach, Tel. 07841-666 68 13, Fax 07841-709 452, www.sasbach.de

Kühnerhof (Sägemühle, Malzmühle), Oberdorfstraße 55, 77880 Sasbach, Tel. 07841-3558, 1. So im Monat 14-16h

Kaiserstuhl, Info z.B.: www.kaiserstuhl-breisgau.de

Breisach am Rhein, Tourist Information, Marktplatz, 79206 Breisach am Rhein, Tel. 07667-940 155, www.breisach.de

St. Stephansmünster, Münsterplatz 2, Tel. 07667-203, tägl. von Tagesanb. bis Dämmerung geöff.

Museum für Stadtgeschichte, Rheintorplatz 1, Tel. 07667-832 65, Di-So 14-17h, Sa 11.30-17h, So 11.30-18h

Badischer Winzerkeller, Zum Kaiserstuhl 6, Tel. 07667-9000, tägl. außer So gegen Voranm.

Freiburg im Breisgau, Wirtschaft und Touristik, Roteckring 14, 79098 Freiburg i. Br., Tel. 0761-388 18 80, Fax 0761-370 03, www.freiburg.de

Münster, Am Münsterplatz, Mo-So 7-19h

Augustinermuseum, Am Augustinerplatz (Salzstraße 32), Tel. 0761-201 25 31, Di-So 10-17h

Lorettobad, Lorettostr. 55, Tel. 0761-705 87 96, Mo-Fr 10-20.30h, Sa/So 9-20h

Wentzingerhaus – Museum für Stadtgeschichte, Münsterplatz 30, Tel. 0761-201 25 15, Di-So 10-17h

Museum für Neue Kunst, Marienstraße 10 a, Tel. 0761-201 25 81, Di-So 10-17h

Adelhausermuseum, Gerberau 32, Tel. 0761-201 25 61, Di-So 10-17h

Museum für Ur- und Frühgeschichte, Roteckring 5, Tel. 0761-201 25 71, Di-So 10-17h

Botanischer Garten, Okenstraße, tägl. 10-18h

Neuenburg am Rhein, Verkehrsamt, Rathausplatz 5, 79395 Neuenburg am Rhein, Tel. 07631-791 111, Fax 07631-791 231 11

Weil am Rhein, Verkehrsamt, Schillerstraße 1, 79576 Weil am Rhein, Tel. 07621-704 131

Vitra Design Museum, Charles-Eames-Straße 1, 79576 Weil am Rhein, Di-So, www.design-museum.de

- **Vorwahl Frankreich: 0033**

18. Tour: Linksrheinisch von Straßburg nach Basel

Neuf-Brisach, Office de Tourisme, 6, Place d'Armes, 68600 Neuf-Brisach, Tel. 0389-725 666, www.neuf-brisach.com

Museum für Optische Geräte, Biesheim, Tel. 0389-720 158, Mi, Fr-So 14-18h, Do 9-13h

Musée Vauban, 7, Porte de Belfort, Apr.-Okt.: tägl. außer Di 10-12h, 14-17h

Colmar, Office de Tourisme, 4, rue Unterlinden, 68000 Colmar, Tel. 0389-206 892, www.ville-colmar.fr

Stiftskirche St. Martin, Place de la Cathédrale, Colmar

Pfisterhaus, rue des Marchands, Colmar

Musée d'Unterlinden, 1, rue Unterlinden, Tel. 0389-201 550, Apr.-Okt.: tägl. 9-18h, Nov.-März: tägl. 9-12h, 14-17h

Musée Bartholdi, 30, rue des Marchands, Tel. 0389-419 060, Mi-Mo 10-12h, 14-18h

Musée d'Histoire Naturell, 11, rue Turenne, Tel. 0389-238 415, März-Dez.: tägl. 10-12h, 14-17h

Dominikanerkirche (Église des Dominicains), Place des Dominicains, Tel. 0389-244 657, Juli-Okt.: Mo-Sa 10-18h, So 10-13h, 15-18h, Nov./Dez.: tägl. 10-12.30h, 15-17.30h, März-Juni: Mo-Sa 10-13h, 15-18 h, So 10-18h

Kopfhaus, 19, rue de Tête, Colmar

Turckheim, Office de Tourisme, 6, rue de Conseil, 68230 Turckheim, Tel. 0389-273 844

Domaine Zind-Humbrecht, rue de Colmar, Tel. 0389-270 205

Kaysersberg, Office de Tourisme, 39, rue Charles de Gaulle, 68240 Kaysersberg, Tel. 0389-782 278, Fax 0389 782 744, www.kaysersberg.com

Domaine Weinbach, 68240 Kaysersberg, Tel. 0389-471 321

Musée Albert Schweitzer, 126, rue du Général de Gaulle, 68240 Kaysersberg, Mai-Okt.: 9-12h, 14-18h

Musée d'Histoire locale, 62, rue de Général de Gaulle, Juli-Sept.: 10.30-12h, 14-18h

Ottmarsheim, Office de Tourisme, Porte de Bienvenu, 68490 Ottmarsheim, Tel. 0389-260 026

Mulhouse, Office de Tourisme, 4, av. Foch, 68100 Mulhouse, Tel. 0389-354 848

Temple St. Étienne, Place de la Réunion, Di-Sa 10-12h, 14-18h, So 14-18h

Rathaus, Place de la Réunion, tägl. 10-12h, 14-18h

Musée des Beaux Arts, 4, Place Guillaume Tell, Tel. 0389-454 319, tägl. außer Di 10-12h, 14-17h

Musée Historiques, Place de la Réunion, Tel. 0389-454 320, Okt.-14. Juni: tägl. außer Di 10-12h, 14-17h, 15. Juni-30. Sept.: tägl. außer Di 10-12h, 14-18h, Do 20.30-22.30h

Musée de l'Impression sur Étoffes, 14, rue Jean-Jacques-Henner, Tel. 0389-468 300, Fax 0389-468 310, Okt.-Apr.: 10-18h, Mai-Sept.: 9-18h

Musée National de l'Automobile, 192, av. de Colmar, Tel. 0389-332 323, Fax 0389-320 809, 26. März-31. Okt.: tägl. 9-18h, 1. Nov.-25. März: tägl. 10-18h

Parc Zoologique et Botanique, 51, rue du Jardin Zoologique, Tel. 0389-318 510, Fax 0389-318 526

Musée Francais du Chemin de Fer, 2, rue Alfred de Glehn, Tel. 0389-428 333, Fax 0389-424 182, Mai-Okt.: tägl. 9-18h, Okt.-Apr.: tägl. 10-17h

Musée du Textile et des Costumes de Haute-Alsace, Château de Wesserling, 68470 Husseren-Wesserling, Tel. 0389-382 808, Fax 0389-826 832, tägl. außer Di 10-12h, 14-18h

Musée EDF Électropolis, 55, rue du Paturage, Tel. 0389-324 860, Fax 0389-328 247, Sept.-Juni: Di-So 10-18h, Juli/Aug.: tägl. 10-18h

- Vorwahl Schweiz: 0041

19. Tour: Von Basel nach Schaffhausen

Basel, Tourismus Büro, Schifflände 5, 4000 Basel, Tel. 061-261 50 50, www.basel.de

Kunstmuseum, St. Alban-Graben 16, Tel. 061-271 08 28

Kunsthalle Basel, Steinenberg 7, Tel. 061-272 48 33, Di-So 11-17h, Mi 11-21h

Fondation Beyeler, Baselstraße 101, Tel. 061-645 97 00, tägl. 10-18h, Mi 10-20h, 24./25. Dez. geschl.

Zoo, Binningerstraße 40, Tel. 061-295 35 35, Nov.-Feb. tägl. 8-17.30h, März/Apr./Sept./Okt.: tägl. 8-18h, Mai-Aug.: tägl. 8-18.30h

Großes Rhyschwimme, Info unter rheinschwimmen@gmx.ch oder Chr. Senn, Tel. 061-272 99 00

Architekturmuseum, Pfluggässlein 3, Tel. 061-261 14 13, Di-Fr 13-18h, Sa 10-16h, So 10-13h

Historisches Museum Barfüßerkirche, Barfüßerplatz, Tel. 061-271 05 05, tägl. außer Di 10-17h

Jüdisches Museum der Schweiz, Kornhausgasse 8, Tel. 061-261 95 14, Mo/Mi 14-17h, So 10-12h, 14-17h

Museum für Gegenwartskunst, St. Alban-Rheinweg 60, Tel. 061-272 81 83, Di-So 11-17h

Naturhistorisches Museum, Augustinerstr. 2, Tel. 061-266 55 00, Mai-Okt.: Di-So 10-17h, Nov.-Apr.: Di-Sa 10-12h, 14-17h, So 10-17h

Schweizer Papiermuseum, Museum für Schrift und Druck, St. Alban-Tal 37, Tel. 061-272 96 52, Di-So 14-17h

Museum der Kulturen, Augustinerstr. 2, Tel. 061-266 55 00, Mai-Okt.: Di-So 10-17h, Nov.-Apr.: Di-Sa 10-12h, 14-17h, So 10-17h

Schweizerisches Sportmuseum, Missionsstr. 28, Tel. 061-261 12 21, Mo-Fr 10-17h, Sa 14-17h, So 10-12h, 14-17h

Kaiseraugst, Gemeindeverwaltung Augst, 4302 Augst, Tel. 061-811 11 03, www.kaiseraugst.ch

Römermuseum, Giebenacherstr. 17, Ortsteil Augst, Tel. 061-811 11 87, tägl. 10-12h, 13.30-18h

Römerstadt Augusta Raurica, Giebenacherstr. 17, Tel. 061-816 22 22, Mo 13-17h, Di-So 10-17h

Rheinfelden, Tourismus Büro Rheinfelden, Rindergasse 1, 4310 Rheinfelden, Tel. 061-833 05 25, www.rheinfelden.ch

Brauhalle im Feldschlösschen, Info unter 058-123 42 58

Solebadzentrum Sole Uno, Roberstenstr. 31, Tel. 061-836 66 11

- Vorwahl Deutschland: 0049

Schloss Beuggen, Führung auf Anfrage unter Tel. 07623-751 90

Bad Säckingen, Kurverwaltung, Waldshuter Str. 20, 79702 Bad Säckingen, Tel. 07761-568 30, www.badsaeckingen.de

Heimatmuseum im Schloss Schönau, Tel. 07761-2217, Di/Do/So 14-17h

Laufenburg, Kultur- und Verkehrsamt, Hauptstr. 30, 79725 Laufenburg, Tel. 07763-806 51, www.laufenberg.de

- Vorwahl Schweiz: 0041

Laufenburg, Verkehrsverein im Rathaus, 5080 Laufenburg, Tel. 062-874 12 34

Museum Schiff Laufenburg, Fluhgasse, Tel. 062-874 22 43, Mi 14-16h, Sa/So 14-17h

Bad Zurzach, Kur- und Verkehrsverein, Quellenstr. 1, 5330 Bad Zurzach, Tel. 056-249 24 00, www.badzurzach.ch

Schloss Zurzach, Tel. 056-249 20 50, tägl. 13-18h

August-Deusser-Museum im Schloss, tägl. 13-18h

Freiluft Thermalbad, Badstraße, Tel. 056-265 28 28

Weingut Engelhof, Fam. Netzhammer, D-79801 Hohentengen, Tel. 0049-(0)774 274 97, engelhof@t-online.de

Rheinau, Gemeindeverwaltung, Schulstraße 11, 8462 Rheinau, Tel. 052-305 40 80, Fax 052-305 40 81, www.rheinau.de

Klosterkirche, Apr./Mai/Okt.: Di-Sa 14-16h, So 13.30-17h, Juni-Sept.: Di-Sa 10-12h, 13-17h

Schloss Laufen, 8447 Dachsen am Rheinfall, Tel. 052-659 67 67

Schaffhausen, Touristen Information, Fronwagplatz 4, 8201 Schaffhausen, Tel. 052-625 51 41, Fax 052-625 51 43, www.schaffhausen.de

Kastell Munot, Mai-Sept.: tägl. 8-20h

Museum zu Allerheiligen, Klosterstraße, Tel. 052-633 07 77, Di-Sa 12-17h, So 11-17h, Do 12-20h

Hallen für Neue Kunst, Baumgartenstraße 23, Tel. 052-625 25 15, Di-Sa 15-17h, So 11-15h

Naturhistorisches Museum Stemmler, Sporrengasse 7, Tel. 052-625 88 46, So 10-12h, 13.30-17h

- **Vorwahl Deutschland: 0049**

Waldshut, Touristinformation, Wallstraße 26, 79761 Waldshut-Tiengen, Tel. 07751-198/199/200, tourist-info@waldshut-tiengen.de

Büsingen, Gemeindeverwaltung, Bürgerhaus, Junkerstr. 86, 78266 Büsingen, Tel. 07734-930 20, Fax 07734-930 250

- **Vorwahl Schweiz: 0041**

Büsingen, Touristinformation, Tel. 052-634 00 20, Fax 052-634 00 25, www.buesingen.ch

Bergkirche St. Michael, auf halbem Weg zwischen Büsingen und Dörflingen

20. Tour: Von Schaffhausen zur Mündung des Alpenrheins

Diessenhofen, Verkehrsverein, Obertor 3, 8253, Tel. 052-657 10 77, www.diessenhofen.ch

Katharinenkloster, jetzt Rehaklinik, Tel. 052-646 23 33

Ortsmuseum, Stoffdruckermuseum und wechselnde Kunstausstellungen im Oberen Amtshaus, Tel. 052-371 321, Sa/So 14-17h

Stein am Rhein, Tourist Service, Oberstadt 3, 8260 Stein am Rhein, Tel. 052-742 20 90, www.steinamrhein.ch

Klostermuseum St. Georgen, Tel. 052-741 21 42, Apr.-Okt.: tägl. außer Mo 10-17h

Wohnmuseum Lindwurm, Understadt 18, Tel. 052-741 25 12, März-Okt.: tägl. außer Di 10-17h, Nov.-Febr.: nur auf Anfrage

Steckborn, Verkehrsverein, Postfach 11, 8266 Steckborn, Tel. 052-761 10 55, Fax 052-770 25 55, www.steckborn.ch

Heimatmuseum im Turmhof, Tel. 052-761 13 78, Mi/Do/Sa/So 15-17h

Höri-Museum in Gaienhofen, Kapellenstraße, Tel. 052-818 37, Di-Sa 14-17h, So 11-17h

Hermann-Hesse-Haus in Gaienhofen, Kapellenstraße, Tel. 052-818 32, Di-Sa 14-17h, So 11-17h

Insel Reichenau, Verkehrsbüro Insel Reichenau, Ergat 5, D-78479 Insel Reichenau, Tel. 0049-(0)7534-920 70, Fax. 0049-(0)7534-920 777

Ermatingen, Verkehrsverein, Hauptstr. 114, 8272 Ermatingen, Tel. 071-641 19 09, Fax 071-664 18 07

Fischereimuseum, An der Schiffslände, So 14-17h

Napoleon-Museum bei Salenstein, Schloss Arenenberg, Tel. 071-663 32 60, Di-So 10-16.30h

• Vorwahl Deutschland: 0049

Konstanz, Tourist-Information, Bahnhofplatz 13, 78462 Konstanz, Tel. 07531-133 030, Fax 07531-133 060, www.konstanz.de

Hus-Museum, Hussenstr. 64, Tel. 07531-290 42, Mai-Sept.: Di-So 10-12.30h, 13.30-17h, Okt.-Apr.: Di-So 10-12h, 14-16h

Archäologisches Landesmuseum, Benediktinerplatz 5, Tel. 07531-980 40, Di-So 10-18h

Rosgarten Museum, Rosgartenstr. 5, Tel. 07531-900 246, Di-Do 10-17h, Fr-So 10-16h

Bodensee-Naturmuseum, Katzgasse 5-7, Tel. 07531-900 245, Di-Fr 10-17h, Sa/So 10-16h

Münster Unserer Lieben Frau, Münsterplatz, tägl. 8-17h

• Vorwahl Schweiz: 0041

Kreuzlingen, Verkehrsbüro, Hauptstr. 39, 8280 Kreuzlingen, Tel. 071-672 38 40, Fax 071-672 17 36, www.kreuzlingen.ch

Schloss Seeburg, im Seeburgpark, Tierpark

Seemuseum im Seepark, Seeweg 3, Tel. 071-688 52 42, Apr.-Okt.: Mi/Sa/So 14-17h, Nov.-März: So 14-17h

Sternwarte Kreuzlingen, Breitenrainstr. 21, Tel. 071-672 58 55, Mi 19-22h

Arbon, Infocenter Arbon, Schmiedgasse 6, 9320 Arbon, Tel. 071-440 13 80, Fax 071-440 13 81, www.arbon.ch

Historisches Museum, Schloss Arbon, Tel. 071-446 60 10, Mai-Sept.: tägl. 14-17h, Okt./Nov./März/Apr.: So 14-17 h

Rorschach, Touristeninformation, Hauptstr. 63, 9401 Rorschach, Tel. 071-841 70 34, Fax 071-841 70 36, www.rorschach.ch

Museum im Kornhaus, Kornhaushafen, Info bei Touristeninformation

Kloster Marienberg (ehem. Benediktinerkloster), Tel. 071-844 18 18, Mo-Fr 7.30-19h, Sa 7.30-13h

St. Gallen, St. Gallen-Bodensee Tourismus, Bahnhofplatz 1a, 9001 St. Gallen, Tel. 071-227 37 37, www.stadt-st-gallen.ch

Stiftsbibliothek, Klosterhof 6 d, Tel. 071-227 34 16, Dez.-März: Mo-Sa 10-12h, 13.30-17h, So 10-12h, 13.30-16h, Apr.-Nov.: Mo-Sa 10-17h, So 10-16h

Altenrhein, Tourismus Information, Dorfstraße 11, 9423 Altenrhein, Tel. 071-855 19 47, www.altenrhein.ch

Markthalle von Hundertwasser, Tel. 071-855 81 85, Apr.-Sept.: Mo-Sa 10-17.30h, Okt.-März: Mo-Sa 13.30-17.30h

Fliegermuseum, am Flugplatz Altenrhein, Tel. 071-737 81 04, Sa 13.30-17h

21. Tour: Von der Alpenrheinmündung nach Chur

St. Margrethen, Tourismusbüro, Walzenhauserstraße 2, 9430 St. Margrethen, Tel. 071-747 59 00, www.stmargrethen.ch

Festungsmuseum Heldsberg, Tel. 071-733 40 31, Apr.-Okt.: Sa 13-18h

Werdenberg, Tourist Information, Bahnhofstr. 4, 9471 Buchs, Tel. 081-740 05 40, Fax. 081-740 07 28, www.werdenberg.ch

Schloss Werdenberg, Tel. 081-771 29 50, Apr.-Okt.: Di-So 9.30-17h

Sargans, Verkehrsverein, Städtchenstraße 1, 7320 Sargans, Tel. 081-723 53 30, www.sargans.ch

Museum Sarganserland im Schloss, Tel. 081-723 65 69, Mo 10-12h, 13.30-16h, Di-So 10-12h, 13.30-17.30h

• Vorwahl Deutschland: 0049

Feldkirch, Tourismus Büro, Herrengasse 12, 6800 Feldkirch, Tel. 05522-734 67, www.feldkirch.de

Schattenburgmuseum, Tel. 05522-719 82, Dez.-Okt.: tägl. außer Mo 9-12h, 13-17h

- **Vorwahl Liechtenstein: 00423**

Vaduz, Liechtenstein Tourismus, Städtle 37, 9490 Vaduz, Tel. 0232-1443, Fax 0392-1618, www.vaduz.li

Kunstmuseum Liechtenstein, Städtle 32, Tel. 0323-503 00, Fax 0323-503 29, Di-So 10-17h, Do 10-20h, www.kunstmuseum.li

- **Vorwahl Schweiz: 0041**

Maienfeld, Tourismus Bündner Herrschaft, 7304 Maienfeld, Tel. 081-302 58 58, Fax 081-330 19 13, www.maienfeld.ch, www.buendnerherrschaft.ch

Heidi-Haus, März-15. Nov.: 10-17h, www.heididorf.ch

Bad Ragaz, Tourismus Bad Ragaz, Maienfelderstr. 5, 7310 Bad Ragaz, Tel. 081-302 10 61, Fax 081-302 62 90, www.badragaz.ch

Thamina Therme, Tel. 081-303 38 38

Chur, Chur Tourismus, Grabenstraße 5, 7000 Chur, Tel. 081-252 18 18, Fax 081-252 90 76, www.chur.ch

Rathaus / Markthalle, Info bei Chur Tourismus

Kathedrale, Domplatz, tägl. 8-20h

Rätisches Museum, Hofstraße 1, Tel. 081-257 28 88, Di-So 10-12h, 14-17h

22. Tour: Von Chur zum Toma-See

Reichenau, *Schlosshotel*, 7015 Reichenau, Tel. 081-641 10 44, Fax 081-641 24 96

Thusis, Verkehrsverein, Neudorfstraße 49, 7430 Thusis, Tel. 081-651 11 34

Via Mala, März/Apr./Nov.: 9-18h, Mai-Okt.: 8-19h, www.viamala.ch

Zillis, Touristen Information, 7432 Zillis, Tel./Fax 081-661 21 73, www.zillis.ch

Hallenkirche St. Martin, tägl. im Sommer: 8-18h, im Winter: 9-18h

Zapporthütte, Anita Engi, Hüttenwartin, Tel. 081-651 19 37, Hüttentel. 081-664 14 96

Ilanz, Ilanz Tourismus, Bahnhof, 7130 Ilanz, Tel. 081-925 20 70, www.ilanz.ch

Margarethenkirche, Tel. 081-925 21 14, Apr.-Okt.: 9-18h, So 9-18h, auf Anfrage

Disentis und Sedrun, Disentis Sedrun Tourismus, Via Alp Su, 7188 Sedrun, Tel. 081-920 40 30, Fax 081-920 40 39, www.disentis.ch und www.sedrun.ch

Heimatmuseum La Tuaisch, Via Dil Bogn, 7188 Sedrun, Tel. 081-949 18 67, Di/Fr und jeden 1. So im Monat 15-18h

Klostermuseum, 7180 Disentis, Tel. 081-929 69 00, Di/Do/Sa 14-17h

Bildnachweis:

Karlsruhe: Schlossgarten; Schloss, Bildstelle der Stadt Karlsruhe, S. 25, 26 **Rastatt**: Barockresidenz; Schloss Favorite, Amt für Stadtmarketing, Karlsruhe, S. 31 **Hambach**: Hambacher Schloss, Rolf Städler, Tourist Information Neustadt, S. 35 **Birkweiler**: Bibliothek des Max Slevogt, Michael Schmitt, Blieskastel, S. 37 **Bad Bergzabern**: Petronella Therme, Goosmann Galerie, Bad Bergzabern, S. 38 **Wissembourg**: Blick über Wissembourg; Kirche St. Pierre et St. Paul; Viertel Le Schlupf, Agence Pluriel Strassbourg, S. 40, 41 **Iffezheim**: Staustufe; Fischtreppe, ENBW Energie Baden-Württemberg, S. 45, 46 **Freiburg**: Münster; Markt; Schauinslandbahn, Freiburg Wirtschaft und Touristik GmbH & Co. KG, Fotos: Karl-Heinz Raach bzw. Rüdiger Buhl, S. 58, 59, 60 **Weil am Rhein**: Nagasakistuhl, B. C. Meier, Touristikinformation Weil am Rhein, S. 61 **Neuf-Brisach**: Festung, Antoine Linder, S. 65 **Colmar**: Isenheimer Altar, Musée d'Unterlinden, Colmar, S. 66 **Mulhouse**: Musée National de l'Automobile, Collection Schlumpf, S. 71 **Laufenberg**: Zweiländerbrücke, Bürgermeisteramt Laufenberg, S. 79 **Insel Reichenau**: Kapelle Tourist Information Insel Reichenau, S. 87 **Mannenbach**: Napoleonmuseum, Napoleonmuseum Schloss Arenenberg, S. 87 **Altenrhein**: Fliegermuseum, Fliegermuseum Altenrhein, S. 91 **Heldsberg**: Festung Heldsberg, Festungsmuseum Heldsberg, S. 97 **Reichenau**: Zusammenfluss, Freizeit Graubünden, S. 107 **Thusis**: Landschaftsbild, Demateo, Thusis, S. 108

Bilder von Christopher Landerer: S. 9, 41, 48, 55, 69, 73, 76, 78, 80, 82, 83, 103, 107, 109, 110
Alle übrigen Bilder von Thomas Struck

Ortsregister